Na Semeadura II

EDGARD ARMOND

Na Semeadura II

265 temas doutrinárias comentados
sem preocupações sectárias

Aliança

Duas edições – 10 mil exemplares
1ª impressão sob demanda – de 1 a 100 exemplares

Título
Na Semeadura II

Autor
Edgard Armond

Revisão
Maria Aparecida Amaral

Diagramação
Marina Quicussi

Capa
Marina Quicussi – Ilustração: George Soper

Impressão
Meta Gráfica Premium Ltda.

Ficha Catalográfica

Dados Internacionais de Catalogação na Publicação (CIP)
— Câmara Brasileira do Livro | SP | Brasil —

Armond, Edgard, 1894 - 1982.
Na Semeadura II / Edgard Armond
São Paulo: Editora Aliança - 1977

ISBN: 978-85-700802-8-8 / 128 páginas

1. Espiritismo 2. Espiritismo I. Título

A763s CDD-133.9

Índice para catálogo sistemático:

1. Espiritismo 2. Espiritismo 133.9

Editora Aliança
Rua Major Diogo, 511 - Bela Vista - São Paulo - SP
CEP 01324-001 | Tel.: (11) 2105-2600
www.editoraalianca.com.br | editora@editoraalianca.com.br

Índice

Doutrina

Religião

PREÂMBULO

Este livro é um prosseguimento do trabalho que determinou a publicação do seu homônimo anterior, conquanto seja independente dele em todos os sentidos. Comenta conhecimentos doutrinários do Espiritismo e de outras religiões.

As notas destinadas a esta publicação, semelhantemente à anterior, não obedecem a uma sequência metódica, devido à versatilidade dos assuntos.

Alguns temas que não pertencem exatamente à Doutrina Espírita são aqui incluídos, como colaboração no setor do aculturamento doutrinário dos adeptos e estão em lugar certo, a nosso ver, porque admitimos que tudo deve ser conhecido, não só para complementação de cultura filosófica, como também, porque é sempre melhor saber que ignorar as coisas como elas realmente são.

A verdade liberta, afirmou o próprio Divino Mestre nas suas pregações redentoras.

Por outro lado, a apresentação de alguns temas já familiares aos confrades espíritas é devido ao fato de que os livros doutrinários circulam por mãos de pessoas que muitas vezes os desconhecem, e que, por isso mesmo, devem ser esclarecidos.

❖

O setor do conhecimento abrange áreas imensas que, dia a dia, à medida que o Espírito evolui, mais amplas se tornam e, por mais que o homem se esforce para abrangê-las, jamais lhes alcança os limites, pela simples razão de que não há limites ao conhecimento e, mesmo que esse limite estivesse na própria esfera Divina Criadora, ainda assim se continuaria a ignorar as verdades finais, totais e definitivas.

O Espiritismo é uma doutrina mais avançada do que muitas das que se conhecem, e foi trazido ao mundo numa época em que os homens devem receber um mínimo de conhecimentos que baste para enfrentarem, com alguma segurança, o selecionamento cíclico que ocorre nesta passagem evolutiva para o Terceiro Milênio cristão.

Tudo, portanto, que pudermos oferecer de esclarecimentos aos nossos irmãos de crença, deve ser feito sem embaraços ou restrições, sobretudo sectárias.

Este livro é um apagado esforço nesse sentido, como sequência de outros que temos publicado e esperamos que sirva, no mínimo, de alerta para que os conhecimentos doutrinários constantes da magistral codificação feita pelo missionário Kardec, há pouco mais de um século, e as realidades do mundo espiritual, já agora em muitas partes patenteadas a todos, levem à compreensão de que as verdades fundamentais estão expostas com extrema singeleza, mas com radical objetividade no Evangelho de Jesus; e, ante essa constatação, devotem-se ao esforço transcendente de se espiritualizarem, o que não será facilmente conseguível por outros meios.

Os que desejam seguir esse caminho reabilitador procurem as casas espíritas autênticas, onde essas verdades são expostas com o devido destaque, e as realizações espirituais são facilitadas em cursos e escolas apropriados, cujo padrão está assegurado por quase três décadas de funcionamento regular e alta apresentação de resultados práticos. Esses cursos e escolas acima mencionados, são as "Escolas de Aprendizes do Evangelho".

São Paulo, Abril de 1977

O Autor

Obs.: Os trechos entre aspas referem-se à matéria comentada.

1
COMUNHÃO COM DEUS

As bênçãos de Deus e a nossa aproximação d'Ele somente se efetivam e nos beneficiam se houver sinceridade e profundidade de sentimentos de nossa parte. É uma conquista que nos cabe realizar.

Tanto mais nos sintonizamos com Deus, tanto mais nos tornamos capazes de interpretar Suas Leis e de divulgá-las aos nossos semelhantes, quanto procuremos nos tornar mensageiros Seus e dignos porta-vozes.

A comunhão, com Deus, desde já, é uma necessidade insubstituível para nos integrarmos, efetivamente, no rol daqueles que desta encarnação retiram o maior proveito espiritual possível, desde que nesse intento, consigamos alguma positividade, sem presunções.

2
MODO DE AGIR

Neste capítulo da comunhão com Deus o mais comum é fazermos preces, pedirmos benefícios para nós mesmos e para os outros, ao invés de visarmos preferentemente essa aproximação.

E, mesmo nos limitando às preces e a outros pequenos esforços, os fazemos sem primeiramente limparmos nossos corações e nossas mentes de maldades e pensamentos inferiores, muitas vezes maléficos.

Assim sendo, que benefícios poderemos obter? Verdadeiramente o problema maior não é pedir benefícios, mas nos purificarmos, para podermos estabelecer ligação efetiva, diária e constante com Deus, sobretudo por pensamentos humildes e atos justos e benéficos.

3
A VERDADE MAIOR

Jesus em suas pregações jamais cansou-se de repetir que, para sermos dignos do Reino de Deus, devemos amá-Lo sobre todas as coisas e ao próximo como a nós mesmos; e que todas as leis e profecias estão contidas nesta verdade maior.

E aos homens de hoje, como aos de ontem e aos de sempre, esta é a verdade inalterável que deve ser repetida incansavelmente.

4
AÇÃO DO EVANGELHO

Entre Moisés e Jesus decorreram 13 séculos e 15 séculos entre o nascimento de Jesus e o descobrimento do Brasil, a futura Pátria do Evangelho. Do nascimento à passagem do atual milênio que é o segundo da era cristã, transcorreram 2 mil anos, durante os quais os ensinamentos configurados no Evangelho deverão ter operado no mundo, isto é, no coração dos homens, a conscientização da vida espiritual com base no amor a Deus sobre todas as coisas e ao próximo como a nós mesmos; isto, pelo menos, é o que é esperado no Alto e, para essa verificação, este milênio será o do selecionamento espiritual da humanidade, previsto pelos profetas antigos e atuais e anunciado pelo próprio Divino Mestre.

O esforço de todos os bons trabalhadores deve ser feito visando a estes transcendentes resultados.

5
O "DEUS" SOL

Três coisas predominam no Universo: o movimento, a cor e a luz. Sempre que podemos, pela vidência, devassar os planos invisíveis, constatamos que tudo se move, vibra, palpita, é luminoso e colorido.

A criação de Deus é realmente maravilhosa, deslumbrante, e somente os véus pesados da matéria em que se envolve o Espírito que evolui, quando atrasado e impuro, impede a visão de tantas belezas cósmicas.

O Sol gerou a Terra e dele depende sua vida e sua luz e por isso, em todas as religiões do mundo primitivo, ele foi o deus, e recebeu do homem seu culto mais sincero e fervoroso.

6
AS TRÊS MARIAS

As três Marias, citadas no Evangelho como as mais chegadas a Jesus foram Sua Mãe, Maria de Magdala e Maria de Betânia, conhecida também como a Pequena Maria, irmã de Lázaro.

Após a morte de Jesus, Sua Mãe retirou-se para a casa familiar de Nazaré, onde era sempre procurada pelos corações saudosos do Mestre. Refugiaram-se também ali, João e a Pequena Maria, ambos dotados de excelsa mediunidade, que passou logo a produzir seus frutos, servindo também a João para o adestramento de que necessitava para seus futuros trabalhos na Ilha de Pátmos.

Quanto a Maria de Magdala, dedicou-se a obras de piedade para efeito de purificação própria, morrendo abandonada em uma gruta da Judéia.

7
ASSISTÊNCIA DE JESUS

As obras assistenciais dos Essênios, que se exerciam nas estradas, nas residências dos necessitados ou nos próprios mosteiros, onde habitavam, eram numerosas por toda parte. Haviam cidades, como por exemplo Jericó, onde grande parte da população dos bairros pobres era filiada a essa Fraternidade benfeitora. Os contatos que Jesus fez com essas populações foram guardados por eles com imenso carinho e saudade, pelos benefícios que a todos distribuiu enquanto viveu.

Das cidades e vilas que receberam as visitas de Jesus, muitas delas fundaram congregações e estas formaram a rede basilar primitiva de difusão de seus ensinamentos e sustentação de sua obra, na Palestina e nos países vizinhos, após Sua morte.

8
CAPACIDADE DE AGIR

A Doutrina dos Espíritos, magistralmente codificada por Kardec, é muito jovem, porém ensina verdades milenares, muitas das quais trazidas ao mundo por Espíritos de elevadíssima hierarquia que, em muitas ocasiões, se manifestaram em perfeita unidade.

É axioma doutrinário que a verdade deve ser encarada face a face, porém sem temor, preconceito, respeitos humanos ou crendices.

Uma dessas verdades, que a experiência de milênios também já definiu é que os ensinamentos devem ser confirmados pelos fatos, e que essa confirmação só pode ser dada pelos homens que já amadureceram o suficiente para compreendê-las, aceitá-las e proclamá-las, exemplificando-as com suas próprias vidas.

Este é o sentido exato do ensinamento evangélico e os espíritas, em geral devem devotar-se a esse grandioso empreendimento que os cumulará de benefícios.

9
IMPORTÂNCIA DA MEDIUNIDADE

Na evolução da humanidade terrena a mediunidade tem papel destacado, porque é um grande recurso de purificação, senão para todos, pelo menos para muitos, que dão a essa tarefa o sentido sacrificial que ela encerra e para os quais a redenção se torna assim mais acessível.

A mediunidade faz parte do plano crístico do planeta, não só porque é o canal eletivo das revelações, como por ser porta aberta e larga à passagem dos que desejam seguir os caminhos traçados pelo Divino Mestre quando aqui esteve encarnado.

"E assim será até o dia em que não houver mais possibilidades de os seres humanos compreenderem as mensagens de Jesus; caso em que após o devido selecionamento, eles serão entregues ao fluxo natural e inexorável das leis divinas."

É o que revela um respeitável Instrutor.

10
ESFERAS DE PROTEÇÃO

Alguns benfeitores espirituais ligados a Júpiter, utilizam no atendimento de encarnados e desencarnados, esferas fluídicas de proteção, dentro das quais se pode ver um emaranhado de fios, parecendo de cobre, tenuíssimos como lã de vidro, onde agasalham os necessitados, sobretudo nos males cerebrais; em um certo ponto dessas esferas destaca-se um orifício que se adapta ao cérebro do doente e por ali flui a energia a ser doada.

Agasalhados em esferas semelhantes, Espíritos desencarnados são conduzidos aos locais onde devem ficar, ou mesmo aos mundos onde devem prosseguir no seu aprendizado evolutivo.

Médiuns encarnados podem receber desde já semelhante auxílio por meio desse dispositivo, beneficiando-se de energias de que necessitem, trazidas pelas esferas, para que haja maior produção de trabalho.

11
COLABORAÇÃO DOS ESSÊNIOS

As ligações entre os seguidores de Jesus na Palestina, desde a Síria ao norte até o sul da Judéia, nos caminhos percorridos por Ele em suas pregações, eram feitas assiduamente pelos essênios peregrinos ou terapeutas, no seu incessante e costumeiro labor ambulante de atendimento a necessitados. Nesse importante trabalho, eles representavam o fio que liga as contas de um colar não-inerte, mas dinâmico e operante, cheio de vida e de amor pelos semelhantes.

Conquanto obscurecida pelos historiadores e pelas publicações referentes ao Cristianismo Primitivo — é fácil perceber a razão dessa atitude —, a colaboração dos essênios na espiritualização dos seres humanos daquela época, e na conservação das tradições espirituais do passado do mundo, foi preciosa e de alto valimento.

12
ILUMINAÇÃO DAS MENTES

"A obra mais meritória que pode realizar uma inteligência encarnada na Terra, é iluminar as mentes das multidões, para que essas almas encontrem o verdadeiro caminho da redenção e sigam por ele."

Assim fala o instrutor. Mas essa iluminação, para ser perfeita, deve ser completada na parte moral, com os esforços da purificação de corpo e espírito, através da reforma íntima e consequente evangelização.

13
PREFERÊNCIA DO BEM

Exatamente como no tempo de Jesus, em nossos dias duas correntes contrárias disputam o domínio material e espiritual das almas: "A primeira alega que os fins justificam os meios e não se detém nem mesmo ante as mais condenáveis atitudes, para sobreviver e conseguir seus objetivos". "A segunda corrente, a legítima e sã, diz que se deve praticar o Bem pelo próprio Bem e não por qualquer outro motivo de ordem material, dando-se amor sem esperar recompensas; busca o triunfo pela paz, pela justiça e pela verdade, mas nunca pela violência ou por meios reprováveis."

Essa é a opção a fazer pelos aprendizes, sem vacilações.

14
CONDUTA CRISTÃ

Ao invés da morte, o Evangelho de Jesus oferece a vida em toda sua plenitude, o amor e a redenção eterna; condena o orgulho, o egoísmo, a impiedade e exige a humildade, o desprendimento e a fraternidade, e uma cooperação sincera e constante no serviço do Bem.

Essa é conduta dos discípulos.

— Mas não são todos os espíritas (não somente os que são tidos como discípulos) que agem dessa maneira, dão esse testemunho, alegam alguns críticos.

— É verdade, respondemos; mas nós nos referimos àqueles que o fazem e não aos que o negam. Os primeiros são os legítimos e verdadeiros discípulos de Jesus e não os outros. Caminhamos com os que caminham e não com os comodistas, que somente amam a inércia e o bem-estar.

Que valor, aliás, teria esse título de discípulo se o seu portador não pudesse assegurar-se, pela conduta, melhores condições espirituais após o desencarne?

E que adiantaria a mistificação? Pode-se porventura enganar a Deus, que tudo vê e tudo sabe?

15
A LEI PRIMEIRA

Para as comunidades essênias que seguiam rigorosamente os ensinamentos de Moisés, a Lei se consubstanciava nos Dez Mandamentos, que eram obedecidos na vivência e na exemplificação do Bem, enquanto que para o clero judaico, do qual os essênios se afastaram, a Lei era a Tora e o conjunto de regras e ordenações emitidas pelo Sinédrio, visando mais que tudo os interesses da dominação nacional e popular, como aliás, sempre ocorre com as religiões de caráter mais mundano, sendo sempre posta em segundo ou terceiro lugares a espiritualização dos adeptos.

Assim como o cristianismo verdadeiro, dos tempos apostólicos, assim deve ser o Espiritismo — que é sua reprodução em espírito e verdade nos tempos atuais: visando mais a espiritualização dos adeptos do que a expansão e o engrandecimento das corporações, face aos interesses materiais.

16
COOPERAÇÃO VALIOSA

O trabalho honrado, o estudo, a oração e a caridade eram as únicas atividades permitidas aos essênios, cooperadores das tarefas de Jesus.

A cúpula espiritual formada com os pensamentos de amor e de paz dos membros da sua Fraternidade, aliada ao rigor das iniciações preambulares, permitia que eles se mantivessem isentos das paixões humanas, das ambições do poder, da riqueza, das grandezas e do sentido egoísta de dominação habituais entre os seus semelhantes.

O que ocorria naquele tempo com eles, visando a cobertura das tarefas santificantes de Jesus, ocorre também hoje em nossos dias, com os esforços da Aliança Espírita Evangélica e instituições espíritas de elevada condição moral, que se devotam à difusão do Evangelho Redentor e sua vivência nas diferentes áreas da coletividade.

17
TESTEMUNHAÇÃO

Por onde quer que andemos, devemos sempre testemunhar o amor que devemos aos semelhantes. Isto alarga nossos caminhos e os ilumina de claridades divinas, porque esse sentimento é a segunda parte da regra maior de "amar a Deus acima de todas as coisas".

Devemos lutar incessantemente, forçando nossa própria natureza ainda retardada, substituindo palavras por sentimentos verdadeiros e humildes, transferindo-nos das teorias para a simples praticagem, porque esta é a vivência que Jesus espera de seus seguidores bem intencionados e sinceros.

18
FRATERNIZAÇÃO URGENTE

Antigamente, o mundo possuía pouca gente encarnada e os homens instintivamente se buscavam, se aproximavam uns dos outros, para se protegerem mutuamente das feras e dos elementos naturais agressivos.

Hoje, ao contrário, há excesso de habitantes, havendo países que não podem mais contê-los dentro de suas fronteiras; mas os homens, egoisticamente, se retraem nas suas comunidades nacionais e todas as tentativas de aproximação passam a depender dos interesses individuais, em última análise.

Como, por outro lado, o mal campeia por toda parte e a concorrência vital é predominante, impiedosa é a competição em todos os setores das atividades. Por isso as aproximações são lentas e difíceis, por medida de prudência e, até mesmo, de sobrevivência.

Daí a conveniência e a utilidade das agremiações, quando animadas por ideologias elevadas, muito embora cada uma conservando suas próprias afinidades e objetivos imediatos. E cresce diariamente a necessidade dessas agremiações existirem, como bases sobre as quais o espírito de fraternização ainda possa sobreviver na Terra.

Se não quiser falhar à sua própria destinação, o Espiritismo deverá ser o elemento capacitado a unir todos os grupos de homens de boa vontade, orientá-los e conduzi-los para Jesus, porque possui todos os recursos de atração, de condução e de realizações espirituais, necessárias a um empreendimento deste gênero. O Evangelho será a força realizadora e o elo de união entre todos os elementos dispersos.

19
RETARDAMENTO EVOLUTIVO I

É evidente que há grande atraso na evolução da humanidade terrena e, nesse retardamento, o Espiritismo como doutrina evolucionista, tem condições para se colocar à frente de um movimento de evangelização coletiva, único caminho, a nosso ver, capaz de salvar a humanidade de um fracasso espiritual imenso e de dolorosas consequências.

Se o Espiritismo não se lançar com mais desenvoltura na competição atual, na qual forças materialistas e de menor expressão espiritualizante estão levando dianteira, como comparecerão seus líderes perante o Divino Mestre, tendo em vista até mesmo sua própria investidura cósmica de Terceira Revelação?

A Aliança Espírita Evangélica já se lançou nesse caminho dando testemunho de sua fé e sua fidelidade à tarefa redentora do Cristo planetário. Luta com naturais dificuldades, com o apoio de companheiros idealistas e bem intencionados e com o auxílio que nunca falta, do Plano Maior.

20
NO CADINHO DO TEMPO

No mundo atual tudo estremece nas suas bases e sofre incríveis mudanças de aspectos, estrutura e funcionamento; e as próprias religiões dogmáticas são envolvidas nesse torvelinho e não sabem como sair dele.

A pureza, todavia, e a essência dos ensinamentos que trouxeram à Terra missionários de altíssima condição hierárquica; estes permanecem e são imutáveis, puros e definitivos no seu substrato de amor universal e de fraternidade.

As casas espíritas evangélicas podem sofrer incompreensões, podem até ser combatidas, mas serão sempre respeitadas, porque seu campo de ação é este e dele não devem desviar-se.

O tabu científico já está mostrando para onde pode levar a humanidade, cada dia mais sofredora e desnorteada, e sua própria condição de movimento ateu bem demonstra sua fragilidade, sua impotência, ante a necessidade imperiosa de redenção da humanidade.

Estas casas serão núcleos seguros e pacíficos de orientação espiritual, de libertação das inferioridades e das degradações, nas quais a humanidade está sendo mergulhada.

Quando chegar o momento de se abrirem os horizontes da compreensão geral, pelo peso dos sofrimentos acumulados, ver-se-á que essas casas já se adiantaram bastante nesse caminho, como vanguardeiras independentes das ablusões, crendices e sujeições meramente humanas, desde que, bem entendido, hajam sido respeitadas as diretrizes executivas do Plano Maior.

21
OPÇÕES MERITÓRIAS

O Espiritismo clássico, conhecido no caráter tríplice de doutrina científica filosófica e de consequências religiosas, para se impor ao meio moderno deve oferecer tudo e nada pedir, porque o julgamento popular de hoje é muito objetivo e utilitário e o próprio materialismo o levou a isso.

Mas a casa espírita que endossar os rigores do Evangelho deve pedir aos seus adeptos o máximo de dedicação, porque não visa somente realizações sociais, mas transformações morais individuais indeclináveis. Por isso, o pouco que conseguir de conscientização do povo e realizações espirituais positivas é precioso, e representa o limite do que se pode exigir espiritualmente de uma humanidade retardada como a nossa, mormente quando trabalhada por agentes degenerativos de toda espécie.

Os expurgos violentos que são esperados provarão que não há outro meio de redenção senão a vivência do Evangelho de Jesus.

O esforço das casas espíritas deverá ser nitidamente apostólico e cristão, compreendido e sentido primeiramente por cada um de seus membros em seu próprio íntimo, cada um se apresentando para as responsabilidades do seu posto com espírito de humildade e desprendimento.

Essa opção poderá ser hoje entendida com ressalvas, mas amanhã será glorificada, e dignos de lástima os que a recusaram. Isto, aliás, é o que usualmente sucede com as tarefas missionárias, individuais ou coletivas.

22
RELIGIÃO ÚNICA

"A única religião de Deus é a fraternidade universal, o amor entre todos os seres humanos." Para que haveria outra?

Deus não criou os homens para que se destruíssem, mas para que se amassem e, se nos estados primitivos de consciência, esta noção poderia não ser sequer compreendida, na situação atual, após sucessivas civilizações e orientações fornecidas por missionários divinos, que para isso aqui encarnaram, nenhuma outra noção é admissível.

Os sentimentos negativos e o egoísmo animal não combatidos ou explicados em tempo hábil, como seria devido, é que levaram os homens à prática sistemática da violência e da separação.

Dando agora prevalência às atividades evangélicas, testemunhamos essas verdades e rendemos culto de amor e respeito a Jesus Cristo, que foi a encarnação divina do amor na Terra.

23
COMPREENSÃO

Para os discípulos de Jesus, que valor podem ter as misérias e as maldades do mundo retardado em que vivemos, comparando-as à gloriosa tarefa de lutar pelo esclarecimento dos necessitados de luz e de aconchego espiritual?

E para os servidores espíritas, que valor terão divergências partidárias ou pessoais, face à grandiosa tarefa de cooperar, em comunhão com o Divino Mestre e em Seu nome, na difusão, em espírito e verdade e não em teoria, dos ensinamentos que concorrerão à redenção de milhões?

24
FANATISMO

O fanatismo é sempre nocivo, em qualquer de suas formas, sobretudo a forma religiosa "que embrutece a mente e endurece o coração".

O Espiritismo deve ser entendido e praticado como uma doutrina aberta, universal, asectária, acolhedora, tolerante, como o próprio Evangelho, que é a sua base moral cósmica.

25
DOIS OBSTÁCULOS

"O orgulho e o egoísmo são os mais terríveis obstáculos à conquista do Reino de Deus" e expressão evidente de ignorância espiritual; o desprendimento e a humildade são as virtudes perfeitas, que abrem com mais largueza as portas desse Reino, onde dominam a justiça, a felicidade e o amor eternos.

26
TOLERÂNCIA

Se o Reino de Deus é a herança dos que venceram a si mesmos, e se tornaram aptos a amar aos semelhantes, e avançaram mais rapidamente na evolução, como poderia abrir suas portas aos que se aprazem no erro e nas imperfeições dos mundos materiais?

E no entanto elas são abertas também a estes, porque o tempo não conta para o arrependimento dos que erram, desde que não perseverem no erro conscientemente.

27
ACULTURAMENTO DOUTRINÁRIO

Ocioso será dizer que, ao se dar pessoalmente preferência à vivência do Espiritismo religioso, não significa que se exclui a necessidade do aculturamento doutrinário e do enriquecimento intelectual dos adeptos em todos os sentidos.

Por isso mesmo, nas Escolas de Aprendizes do Evangelho, as inscrições são dadas preferentemente àqueles que possuem um mínimo de conhecimentos doutrinários, à falta dos quais os candidatos são matriculados em cursos básicos de Doutrina, de caráter preliminar e de curta duração.

Mas também é certo que esse aculturamento não deve ser exclusivista, com afastamento fanático de conhecimentos das demais religiões e doutrinas conhecidas, porque o Espiritismo não é um ponto de chegada do conhecimento espiritual, nem do progresso do Espírito, mas sim um estágio, já bem avançado, desse conhecimento e desse progresso que, entretanto, somente subsistirá se houver da parte do ádvena, um mínimo de respeito ao próximo e desejo sincero e efetivo de transformar-se moralmente.

28
DAR PARA RECEBER

Na vida espiritual, para receber é preciso dar, no mínimo, esforço e boa vontade. O que se dá ao próximo é o que se dá a si mesmo e de Deus se recebe centuplicadamente.

Estes serão simples argumentos de repetição, porque todos nós sabemos que é assim que sucede na maioria dos casos; mas a experiência demonstra que estes argumentos serão pura verdade e frutificarão se pautarmos nossa conduta e nossa vida por eles, executarmos em nós próprios e no meio ambiente em que vivemos, as verdades conhecidas e repetidas, porque o amor atrai o amor, e porque o caminho dos avaros não passa além das fronteiras do mundo enganoso e pobre de luz e de alegria, infelizmente ainda habitado por milhões.

29
DIFERENÇAS SOCIAIS

"As diferenças sociais não são obra de Deus", mas somente efeitos de suas leis de justiça face ao egoísmo, à ignorância e às ambições humanas, contrárias à fraternidade.

Utilizando seu livre-arbítrio, os homens seguem os caminhos que preferem, levando mais em conta seus sentimentos imperfeitos que as leis benéficas e sábias de Deus, até que se saturem de inferioridades e de sofrimentos reparadores.

30
ATOS, NÃO PALAVRAS

Deus quer ser amado em espírito e verdade, isto é, através de sentimentos e atos justos e bons e jamais somente por palavras, rituais e convenções, que não transformam pensamentos ou intenções em realidades vivas e operantes; palavras que pregam o amor mas não o praticam; que exigem retidão de conduta, mas não a exemplificam, proferidas por pregadores de virtudes que não as possuem.

A hipocrisia e a mistificação dominam por toda parte, mesmo quando não sejam exercidas conscientemente, até que soe a hora do selecionamento espiritual, prevista para este planeta, o que não é da alçada dos homens.

31
COMPREENSÃO MAIOR

Quando confrades que preferem outros setores que não o do Espiritismo religioso, baseiam-se no que foi dito por Kardec ao tempo da codificação da Doutrina, a saber: que o Espiritismo seria uma ciência ou não seria nada; e, decorrentemente, que o setor religioso da Doutrina seria uma consequência dos outros dois, a saber: o científico e o filosófico, podemos saber se interpretam o pensamento verdadeiro do missionário?

Não seria de prever, naquela época, que tal afirmativa teria interpretação não-aparente; e, hoje passado um século, não se pode concluir que a significação é exatamente a oposta?

Kardec fez essa afirmação para preservar a doutrina nascente face às hostilidades e pressões que certamente sofreria de outras correntes religiosas, bem instaladas no conceito público, e não se admitirá que na sua visão do futuro tenha ele percebido que, por qualquer setor, que os adeptos iniciassem seus passos na Doutrina, fatalmente chegariam à mesma verdade, a saber: que o setor religioso era o mais importante e dele todos se beneficiariam como realmente está agora acontecendo?

Aliás, para se compreender a prevalência natural do setor religioso, não é necessário muito esforço; basta lembrar que o Espiritismo foi, desde o princípio, considerado a Terceira Revelação, sendo a primeira, a de Moisés, com os Dez Mandamentos e a segunda a de Jesus, com Seus ensinamentos redentores, consignados mais tarde no Evangelho.

Pois bem: o que prevalece em ambas as revelações não são os ensinamentos de natureza religiosa, sintetizados na frase lapidar: "amar a Deus acima de todas as coisas e ao próximo como a nós mesmos"?

E o próprio Divino Mestre não afirmou bem claramente que este preceito contém em si mesmo "todas as leis e os profetas"?

O Evangelho está repleto de ensinamentos deste teor religioso, não porque os demais hajam sido julgados desnecessários, mas por não serem indispensáveis à redenção da humanidade, que é o que mais interessa, e para a qual o setor religioso é fundamental.

Outra coisa a considerar é esta: o Espiritismo, doutrina aberta e universal, assegura a seus adeptos a liberdade de se dedicarem ao setor doutrinário que mais lhe agrade ou atraia. Centenas deles dedicam-se ao setor científico; outros muitos, podendo-se mesmo afirmar, a maioria, prefere a parte filosófica; e, nos setores de suas preferências, cada um logicamente encontra, no momento, as melhores possibilidades de aproveitamento. Pois os que dão preferência ao setor religioso também podem exercer o mesmo direito: dão seguimentos aos impulsos de seus corações, merecem o mesmo respeito e tornam-se isentos de qualquer particularização ou inferioridade em relação aos demais setores; para eles vige a mesma liberdade de consciência e de opção dada aos demais.

Que valor e autoridade teria, aliás, o Espiritismo, face ao título ou qualidade de Terceira Revelação se incidisse nos mesmos erros que condena nos outros; se cerceasse a liberdade de consciência e eternizasse o "Crê ou morre" das doutrinas opressoras já ultrapassadas?

A não ser que desse uma marcha à ré, rotulando-se de seita fechada, fanática, dogmática..., o que positivamente não é.

As características fundamentais da Doutrina dos Espíritos devem ser as mesmas, repetimos, dos ensinamentos de Jesus em espírito e verdade, e não as de concepções intelectuais humanas, por mais apuradas que sejam, mas sempre imperfeitas, limitadas e falíveis.

32
DIVERGÊNCIAS

A chamada Lei de Moisés — os Dez Mandamentos — não é a mesma imposta pelo clero judaico por meio de ordenanças, instruções e regras contidas no Deuteronômio, que tinha mais que tudo efeitos administrativos, judiciais, comerciais e higiênicos.

Essa foi uma das mais fortes razões que motivou o afastamento dos essênios e seu isolamento nos diferentes mosteiros existentes nas montanhas da Palestina e circunvizinhanças, onde, no tempo devido, passaram a apoiar forte e abertamente a tarefa redentora do Divino Mestre, desde seu nascimento até sua morte e além desta.

A Lei de Moisés, legítima e verdadeira, concorda inteiramente com a eterna lei do amor universal, da fraternidade e da justiça divinas. É lei imutável, enquanto que as ordenanças humanas são passageiras, aleatórias, restritivas e falíveis.

33
AMOR E DESEJO

Há em todo mundo uma enorme confusão entre amor e desejo. O amor verdadeiro não é o instinto sexual. O instinto passageiro é de origem animal, enquanto o amor verdadeiro é sentimento do espírito imortal, condição íntima que marca o grau de evolução dos seres humanos.

Quanto maior for a capacidade desse amor verdadeiro, mais elevado será o grau evolutivo e, contrariamente, quanto mais dominante e absorvente o instinto sexual, mais inferior e precário é o grau de evolução espiritual dos homens, salvo exceções raras, ligadas a uma organização física defeituosa, ou a resgates cármicos.

34
VIBRAÇÃO DAS “22”

Às 22 horas, diariamente, quando soa o momento marcado pelo Plano Espiritual para se efetivar a “vibração pelo Bem Universal”, os companheiros inscritos na Aliança Espírita Evangélica, onde quer que estejam, concentram-se e unem-se em pensamento uns com os outros, visando o bem dos semelhantes.

Nessa comunhão com Deus e com Jesus cumprem a lei maior da fraternização universal, fundamental da evangelização.

Para que haja mais perfeição nesse ato, essa vibração deve ser feita em local adequado, em silêncio, ligando-se os servidores a esferas espirituais sucessivamente mais elevadas, para que o teor vibratório de cada um vá, também, se elevando gradativamente, purificando-se, até atingir um alto índice de radiação espiritual.

Com esse esforço ocorrerá a exteriorização progressiva do Espírito e o conjunto deles assegurará condições perfeitas para a vibração coletiva que se tem em vista.

Nessa hora de paz e recolhimento, no silêncio de nossa própria alma, reafirmamos nosso anseio de purificação e união com Deus, nosso Pai Eterno e com Jesus, nosso redentor.

Nessa vibração, em primeiro lugar, devemos nos unir a Deus, rogando forças para aumentarmos nossa capacidade de amá-Lo acima de todas as coisas e ao próximo como a nós mesmos, tornando-nos verdadeiros discípulos do Divino Mestre.

Se a essa hora não tivermos condições de recolhimento e concentração, devemos lançar, ao encontro dos companheiros, um simples e rápido pensamento de união, guardando-nos para realizar a vibração um pouco mais tarde, assim que possível.

35
OS TRÊS SETORES

A divisão do Espiritismo em três setores de atividades seria mostra de largueza de ação e plenitude de possibilidades, se não houvesse sido o setor religioso considerado somente uma decorrência deles; desta forma suas virtudes se transformam em desvantagens quando se considera que delas se servem os Espíritos encarnados e desencarnados, para combater a expansão e o êxito da Doutrina, exaltando os setores científico e filosófico, que são simplesmente intelectuais, menos produtivos, obscurecendo o valor do setor religioso, que é aquele do qual depende a redenção do ser humano habitante deste torturado e retardado planeta, porque é o setor das realizações do campo interno, sem os quais progresso algum definitivo pode ser alcançado.

36
DEUS NA CRIAÇÃO

A existência de Deus não é conhecimento acessível à inteligência humana comum, porque tudo quanto existe tem uma causa anterior, menos Deus, que a tudo antecede e contém.

Se, porventura, houvesse um ser anterior a Deus, ele não seria absoluto e único, condição indispensável à sua preexistência, eternidade e imanência.

Ele se manifesta na própria criação, que leis universais regulam e que independem dos seres criados, e na qual está sempre presente em tudo; aí, portanto, na Criação, podemos encontrá-Lo, mas onde mais legitimamente O encontramos é em nós mesmos, como seres inteligentes, centelhas de Sua luz.

Essa criação, como tudo o que vem de Deus, é obra de amor para o bem, porque o mal não é de Deus, mas dos homens: é a face negativa da criação, na parte que depende dos homens; é a sombra da luz, a ausência do bem, a ignorância, falha transitória do Espírito que evolui.

37
CONHECIMENTO DE DEUS

Deus é considerado inconcebível porque não há regras ou leis que, em relação a Ele, prevaleçam nos juízos humanos sempre falhos e ignaros.

A inteligência humana se afadiga em indagar sobre Ele: será um Ser separado? Um conjunto de seres? Um foco de energias inteligentes, dinâmicas, mecânicas, que funcionem por si mesmas?

Mas toda indagação é inútil, porque não há resposta a dar para alguém, de graça, mas somente a conquistar por cada ser, nas experiências e nas sucessivas etapas da evolução espiritual.

38
PATERNIDADE DE DEUS

Em mundo inferior como o nosso, em que predominam, em grandes áreas, o conceito do antropomorfismo, o ensinamento dado por Jesus segundo o qual Deus é o Pai Universal e Eterno e, mesmo não se podendo penetrar no fundo dessa afirmativa, ela satisfaz a maioria dos homens, sobretudo porque Jesus se dá como sendo o caminho que leva a Ele, o Pai, não havendo outro mais autêntico e seguro porque Ele, Jesus, como Filho, viveu neste mundo conosco e deixou uma doutrina que, no campo moral, excede qualquer outra, das muitas que a humanidade conhece.

E também porque esse ensinamento preencheu um grande vazio, formado por essa impossibilidade de conhecimento direto pelos meios comuns, intelectuais, colocando assim, o problema no terreno da fé, que está muito mais ao nosso alcance que o infinito.

Para os homens deste mundo espiritualmente retardado, esse conhecimento e essa fé bastam, podendo levar até mesmo à redenção, desde que cada qual se esforce por viver os ensinamentos deixados por Jesus e o faça com sincero devotamento e seriedade.

39
MOVIMENTO POLÍTICO

Quando Jesus atingiu os 21 anos de idade, já conhecido como profeta destinado a uma missão salvadora em Israel, seus amigos e admiradores iniciaram um movimento de esclarecimento e atendimento popular, sob o nome de Santa Aliança que, discretamente, mas com rapidez, se expandiu na Palestina e países vizinhos, onde fervia o ódio contra os romanos invasores.

As instruções dadas a seus aderentes eram em resumo: o amor contra o ódio, a razão contra o fanatismo, a igualdade contra a prepotência, um por todos e todos por um.

Quando se deu Sua morte na cruz, esse movimento já se transformara em uma forte tendência política e social, e somente essa morte conseguiu evitar que explodisse uma terrível revolta popular contra os romanos e o clero judaico, muito embora tenha Jesus, desde o início, desautorizado o movimento em várias ocasiões.

Mais tarde, já no esforço diário da propagação de seus ensinamentos salvadores, novamente se opôs ao emprego de qualquer meio violento, sobretudo para elevá-Lo ao trono de Israel, sob pretexto de profecias anteriores, afirmando, reiteradamente, que seu reino não era deste mundo.

40
CAMINHO CERTO

A vivência do Evangelho é o caminho certo para a conquista do reino espiritual que Jesus promete aos seus seguidores e que será nosso, amanhã, se o merecermos, e o mereceremos, sem dúvida alguma, se o conquistarmos.

A conquista não é fácil, porque exige que derrotemos em nós próprios, hábitos velhos, defeitos arraigados em todas as fibras do nosso corpo, ambições materiais de coisas que julgamos necessárias à vida e que nem sempre o são, desprendimento de tudo o quanto acumulamos de bens materiais dispensáveis que são transitórios, mas ajudam a viver com vantagens a vida de hoje.

E tudo depende do próprio Espírito, cujas energias psíquicas são poderosas, e cuja origem divina lhe assegura o apoio irrestrito do mundo espiritual.

Vontade, perseverança, humildade e também fé inabalável de todos os dias e todas as horas, estas são qualidades que são nossas e que vencem, sejam quais forem as dificuldades que surgirem em nosso caminho.

Para apoiar esse esforço e orientar aqueles que querem lutar, é que foi criada a Escola de Aprendizes do Evangelho.

O testemunho de milhares de discípulos que passaram por ela a partir de 1950, indica que o auxílio que ela presta é inegável e positivo, pois com ela tudo fica facilitado e o caminho se torna muito mais suave para aqueles que realmente querem progredir.

41
VIRTUDES INTERNAS

Em todas as coisas devemos aprender a ver e sentir a presença de Deus, do qual somos um átomo espiritual em evolução nos mundos materiais e cuja bondade está também dentro de nós, em estado potencial, como outras muitas virtudes, prontas para serem expandidas, restando somente que as exteriorizemos em atos de vontade própria.

Esta é a possibilidade, mas o meio de realizá-la, efetivá-la em nossa vida, depende de, primeiramente nos evangelizarmos, desprendendo-nos das ilusões do mundo material, sem sair dele, tornando-nos capazes de exteriorizar o que existe de puro e de belo em nós.

42
ACERVO DE EXPERIÊNCIAS

Quando o Espírito já atingiu certa elevação evolutiva, já possui valioso cabedal de experiências, que se enriquece diariamente com a própria vida e com os contatos que faz com as entidades que protegem sua encarnação, de tudo recolhe preciosos elementos de auto-esclarecimento que, mesmo ficando sujeito ao turbamento mental próprio de vivência na carne, lhe servirão para estabelecer programas acertados, sensatos e justos de vida comum com seus semelhantes com base no amor universal.

43
UTOPIA...

A comunhão com Deus, para muitos, pode parecer difícil e ilusória. Poesia! dirão alguns, quando contaminados pelos desenganos do mundo. Utopia! dirão outros, cujos sofrimentos obliteraram sua capacidade íntima de ver e de ouvir o que não é deste mundo.

Mas pode-se perguntar: a criação de Deus, da qual somos parte e uma demonstração viva e vibrante, não é porventura um poema de multiforme aspecto e significação? Uma apoteose de luz e de mutações deslumbrantes, pela sua imensidão e impenetrabilidade? Uma esperança de infinita grandeza, quando nos é afirmado que o caminho que conduz ao céu é o amor?

Não o amor material, bruto, animal, é evidente; o amor desejo, paixão cega que devora o mundo, mas o amor espiritual que tudo dá e nada pede.

Não é admirável o amor de Deus que, além disso, não marca condições irrealizáveis para que voltemos ao seu seio amoroso e justo, e que devolve centuplicadamente tudo o quanto de bom fazemos por muito pouco que seja? Realidade, sim; utopia, jamais.

44
POSSIBILIDADES PRECIOSAS

Em todas as coisas devemos saber, ver e sentir, a presença de Deus, do qual somos uma partícula e cuja bondade está, portanto, em nosso âmago, restando somente que a exteriorizemos em atos de amor aos nossos semelhantes, amando-nos uns aos outros como Ele, nosso Pai, nos ama, ou no mínimo, com as forças que temos, nos limites que atingirmos.

Esta é a possibilidade.

45
PREDESTINAÇÃO

Entre outras coisas importantes, os espíritas devem conscientizar-se de que:

1) vivemos em um país predestinado a ser o fulcro mais amplo e decisivo do cristianismo no mundo, e celeiro deste, não somente em relação a alimentos para o corpo físico mas, sobretudo, para o espírito, pelas dádivas preciosas do amor fraternal;

2) temos inumeráveis riquezas no ar, no solo, nas águas dos rios, dos lagos e do oceano que nos banha as imensas e lindas praias e nenhuma das agruras climáticas e geológicas que infelicitam o mundo em muitas partes;

3) formamos um povo de coração aberto e bondoso, amante da paz, alegre e fraterno, onde o Evangelho de Jesus encontra fácil e acolhedora guarida. Nada nos falta e tudo nos sobra.

Somente nos resta agradecer a Deus tamanhas dádivas e o melhor meio, o mais expressivo e puro de o fazermos, é vivermos segundo o Evangelho de Jesus, purificando-nos dos males e falhas que herdamos da animalidade inferior, amando-nos uns aos outros.

46
HOLOCAUSTO DIVINO

Pelas iniquidades praticadas, pela persistência no erro, pela deturpação do culto ao Criador e pelo desamor generalizado, o sino da condenação divina já havia soado nos céus contra esta humanidade, cujo destino seria o expurgo para mundos primitivos.

Mas a Entidade Crística, à qual estava e está a Terra subordinada, implorou ao Pai para que Lhe fosse permitido um derradeiro esforço para salvá-la e redimi-la do passado sombrio e triste.

Obtida a autorização, tudo nos céus se movimentou para o êxito da Entidade Redentora. E assim nasceu na Palestina o Missionário Divino que fez o que pôde, pregou o amor incondicionalmente, sacrificou-se até à morte infamante e voltou ao Seu reino de luz e de paz, enquanto a humanidade, 20 séculos passados, ainda prossegue nas rotas da negação, da violência, do egoísmo e da morte, muito distante do "amai-vos uns aos outros como eu vos amei", como Ele recomendou quando se foi.

A Aliança Espírita Evangélica foi criada justamente para ajudar, como puder, para que essa recomendação seja cumprida e o Evangelho de Jesus cultuado e vivido em espírito e verdade, testemunhado no mundo por discípulos conscientizados dessa tarefa, idealistas e compenetrados da necessidade e do dever dessa testemunhação.

47
EXISTÊNCIA DE CÉUS

Céu significa região superior do mundo espiritual. A tradição espiritual religiosa faz referências demoradas à existência de céus habitados por entidades de progressiva pureza e virtudes morais.

Eis como um Instrutor credenciado descreve suas impressões sobre um desses céus:

"A partir da crosta terrestre, habitada pelos homens encarnados, e além da atmosfera terrestre, no espaço infinito, existe o plano luminoso chamado de Primeiro Céu, habitado pelos Anjos Guardiães, hierarquia espiritual acima do plano humano, Espíritos mais purificados, protetores de humanidades.

São provenientes de vários globos de condições acima da Terra e, em determinadas circunstâncias, encarnam nesses globos, como no nosso, para cumprimento de tarefas de proteção e auxílio."

48
TÍTULOS POBRES

O termo sacerdote, tão amplamente usado nas religiões em geral, significa: seres humanos eleitos e consagrados ao Bem. Por aí se vê o quanto estão afastadas deste significado as atividades de inúmeros seres que possuem esse título e não o merecem, significando também que receberam o título de mãos humanas, mas não consagrados pelas Leis Divinas.

49
AUTORIA DUVIDOSA

Segundo autores altamente credenciados, e pelos anais da Fraternidade Essênia, Moisés escreveu o *Livro de Princípios*, conhecido como *Gênese*, e mais outros denominados *Cantos*, *Salmos* e *Profecias*; mas não escreveu o Pentateuco, oficialmente adotado pelo Clero Judaico.

50
CONSCIENTIZAÇÃO MAIOR

Os trabalhadores em geral da seara divina, devem conscientizar-se, com firmeza e inalterabilidade, de que, na realidade, são a luz de Deus evoluindo nos mundos materiais; centelhas vivas que se fizeram Espíritos lúcidos e livres que sofrem nesses mundos para resgatarem erros cometidos em vidas passadas e que não mais devem repetir-se.

Mas essa elevada compreensão obriga desde logo a uma conduta reta e justa, dia por dia, acima de quaisquer outras preocupações, num testemunho constante e permanente do amor em relação a todos os seres da criação divina.

Na Terra estamos em degraus inferiores da ascensão e temos pela frente inúmeros outros, que só podem ser galgados através de uma fé robusta e racional, desprendimento pessoal e conquista de valores morais, que não são aqueles enaltecidos pelo mundo.

Esse é o caráter da iniciação espírita.

51
CONGREGAÇÕES

Mais de uma década antes de Sua crucificação em Jerusalém, já estavam se fundando, na Palestina e imediações, congregações formadas por pessoas amigas de Jesus, dispostas a seguirem Seus ensinamentos de Messias nacional judeu.

O apóstolo Felipe, natural de Suetópolis, na Samaria, foi o fundador da primeira congregação cristã nessa província Palestina. Maria de Magdala foi a primeira a tomar essa iniciativa, oferecendo sua suntuosa residência nas margens do Kineré, para abertura de uma escola cristã, dirigida por Boanerges.

Em Antióquia, chamada a Roma do Oriente, numeroso grupo de pessoas agraciadas com os benefícios que, a mãos cheias, Jesus derramou, quando ali esteve em viagem de estudo e propagação, bem antes que iniciasse o curto período de pregações públicas, formou-se a primeira das congregações cristãs da Ásia Menor.

Por todos os lugares por onde passava, Jesus deixava um rastro luminoso de bendições pelos benefícios, consolações e esperanças novas que espalhava entre todos os que O procuravam.

52
INTERFERÊNCIA DIVINA

Conforme respeitável Instrutor espiritual, "os mensageiros de Deus, semeadores de Suas sementes, através do tempo fizeram suas obras até o tempo de Jesus; o último deles, uns estendendo e outros prosseguindo os trabalhos deixados pelos antecessores"; e se no prazo de vinte séculos marcados para este atual período evolutivo não tiverem os homens alcançado uma média apreciável de aproveitamento, por desprezo às leis divinas, agirão sobre eles as leis da Justiça Divina para terminarem a tarefa que não foi cumprida pelos homens.

O selecionamento esperado nestes nossos dias será justamente a interferência divina, no cumprimento dos próprios programas, para a terminação das tarefas que caiba à humanidade executar, com o aproveitamento dos ensinamentos do Divino Mestre, visando sua redenção.

53
REPOUSO DO SENHOR

"O Senhor, diz o Instrutor, somente encontra repouso no coração do servo humilde e não nas extremidades, nas grandezas e nos enganos dos homens, que buscam os poderes e os gozos deste mundo."

Não é com oferendas materiais, grandiosidades ou aparências, que conquistaremos o direito de sermos o repouso do Senhor, mas com o sacrifício das paixões, com renúncias e desprendimento, pelo bem que fizermos aos nossos semelhantes e pela vivência dos ensinamentos de Jesus, fora de todo o egoísmo e de ambições humanas.

54
PARTICIPAÇÃO GLORIOSA

"A lei da reencarnação é a mais clara expressão existente dos seres criados por Deus para participarem de sua eternidade."

Eis uma definição não somente clara, mas poderosamente expressiva, da extensão da bondade de Deus nosso Pai, permitindo que Seus filhos comparticipem do Seu trabalho criativo, em qualquer grau de evolução em que se encontrem, desde que respeitem Suas leis.

55
RETARDAMENTO EVOLUTIVO II

A felicidade do mundo foi sempre ilusória, fugaz, porque, como explica um Instrutor, "as sementes do Mal germinam muito rapidamente por toda parte, enquanto que é muito lenta a germinação das sementes do Bem".

Este fenômeno geral evolutivo referido pelo Instrutor, é o que se observa em todos os mundos, nos períodos primitivos e médios da evolução, quando os seres humanos ainda não estão maduros para procedimento diferente; às crianças não se pode pedir procedimento de adultos.

Mas a expressão do Instrutor se dirige também àqueles que já têm conhecimentos e amadurecimento evolutivo satisfatório, cujo procedimento se conserva retardado em relação ao que deveria ser; aqueles que se deixam dominar ou se aprazem no erro por comodismo ou por negligência, preferindo a inércia à luta pelo aperfeiçoamento próprio que a todos compete encetar, para corresponder à bondade do Criador e ao esforço de esclarecimento por parte dos mensageiros seus, que se sacrificam pela redenção do homem na Terra.

56
FRATERNIDADE KOBDA

O estabelecimento da Fraternidade Kobda no delta do Nilo, importante instituição político-espiritual da pré-história, pela extensa influência que exerceu em muitos países da África, Ásia Menor e Mediterrâneo daquela época, teve como sua mais assinalada missão, dar apoio e defesa ao missionário Abel, que encarnou na Terra 8 ou 9 mil anos antes do nascimento de Jesus.

Um dos seus últimos dirigentes — Mena — deu origem à primeira dinastia de faraós do Egito e teve seu túmulo em Abidos, sendo, segundo consta, o fundador de Mênfis, a primeira capital nacional.

> **NOTA**: O conhecimento destes detalhes de certa forma importa, porque mostra que já na pré-história, foram feitas tentativas sérias para um governo espiritual do mundo, pelo menos sobre vastas regiões ocupadas por povos afins.

Em nossos dias o mesmo pensamento de união surge em certas ocasiões difíceis e disso um exemplo é a ONU, sucessora da Liga das Nações que, todavia, jamais atingem seus objetivos de governo mundial, por serem prevalecentes os interesses materiais da humanidade e não os espirituais.

Elementos remanescentes dessa fraternidade milenar são os Coptos, religiosos existentes ainda hoje, na Etiópia e no Egito.

57
ESPÍRITOS CRÍSTICOS

O conhecimento deste assunto interessa grandemente por tratar-se de entidades de elevada hierarquia espiritual, que promovem a formação, a organização e orientam a evolução da humanidade dos planetas.

Habitam o chamado "Céu dos Amadores" e são conhecidos por "Espíritos Amadores", porque sua característica essencial é a ação pelo amor e pelo devotamento.

Nos dois planos inferiores desse céu (que são sete), vivem os Espíritos que ainda podem encarnar em mundos materiais.

Em nosso sistema são 70 esses Espíritos salvadores de humanidades, que encarnaram várias vezes nos mundos que estão sob sua responsabilidade. À expansão destrutiva do mal e do egoísmo, esses Espíritos contrapõem o amor e a abnegação, para que assim se possa manter o equilíbrio evolutivo da humanidade, único meio de assegurar sua progressividade.

Por isso é que, periodicamente, têm sido até hoje necessários os expurgos e a descida desses Espíritos aos mundos criados, onde também são algumas vezes chamados Messias, ou Espíritos Planetários.

A entidade que encarnou várias vezes na Terra em épocas diferentes tem sido conhecida pelos nomes de Juno, Numu, Anfion, Antúlio, Abel, Krisna, Moisés, Buda e Jesus de Nazaré, sendo que, com este nome, realizou sua última encarnação neste ciclo evolutivo porque, com seu sacrifício cruento e abnegado, ascendeu a esferas mais altas, não podendo mais encarnar em mundos físicos.

Entretanto, segundo autores, encarnará na Terra, após o selecionamento próximo, com a Sexta Raça.

58
REALIZAÇÃO

O Espiritismo é doutrina altamente realizadora, sobretudo no campo da vida moral, cuja base é o Evangelho de Jesus, o Cristo Planetário. A Escola de Aprendizes do Evangelho foi criada em 1950 para preencher uma larga lacuna existente no setor educativo da Doutrina, sobretudo no campo da formação religiosa, indispensável à evangelização dos adeptos, o que vale dizer, à sua redenção.

59
PRIORIDADES

O Espiritismo, do ponto de vista cósmico, é doutrina de sentido universal, porque concorre para a redenção da humanidade do planeta.

Mas essa destinação somente se cumprirá, em plenitude, se as realizações espirituais do campo religioso, únicas prioritárias e decisivas, forem levadas a bom termo.

60
LEI DOS PATRIARCAS

O povo de Israel, escravizado no Egito, cultuava a chamada "Lei dos Patriarcas", escrita por Abraão, cujos fundamentos eram os mesmos da Religião Kobda e da Ordem de Rama, mostrando assim que há sempre unidade nas revelações religiosas do Alto. Os mesmos fundamentos no Decálogo de Moisés e muito aproximados dos ensinamentos de Jesus na Palestina.

61
VALOR DA HUMILDADE

Não importa que tenhamos toda a sabedoria que a ciência revelou, se não temos paz em nosso coração, ideal bem definido no campo da vida moral e conhecimento das verdades sobre o Espírito.

Devemos lutar por esses bens cujos alicerces repousam nos ensinamentos espirituais e no Evangelho de Jesus.

Nenhum poder humano sobrepuja esta conquista que deve ser a meta principal de nossos esforços neste mundo. A força do amor eterno é a energia do seu ritmo e, neste nosso país — predestinado a ser a Pátria do Evangelho — devemos ser arautos incansáveis dessas verdades, para que nossa colaboração neste planeta seja produtiva e fraterna, o que não é fácil para aqueles que não possuem humildade.

62
RELIGIÕES LIBERTADORAS

A hora é decisiva para as religiões libertadoras (e o Espiritismo é uma delas) e já não há mais tempo a perder. O Evangelho indica o rumo e ajuda a caminhar ao encontro do Divino Mestre, e nenhum outro caminho leva a Ele, senão este das realizações espirituais, da evangelização assegurada pela reforma íntima, que opera nos homens as transformações morais que Jesus recomendou como indispensáveis.

Para facilitar o esforço dos adeptos foi criada a Escola de Aprendizes do Evangelho, escola de portas abertas, para cuja matrícula não há restrições e que foi fundada justamente para auxiliar os espíritas nesta época difícil em que o homem encarnado vai enfrentar o selecionamento espiritual predito pelo próprio Mestre, pouco antes de sua morte cruenta na cruz.

63
HORA DECISIVA

A Aliança Espírita Evangélica na sua opção pelo setor religioso, devota-se especialmente às realizações da reforma íntima e hoje, muito embora seja uma pequena vela inflada de leve, transformar-se-á amanhã em uma grande nave, que acolherá todos aqueles que possuem o ideal de servir a humanidade com desprendimento, indicando-lhes os caminhos certos da grande rota que leva ao Reino que o Divino Mestre oferece aos seus seguidores, nesta hora difícil de decisões, renúncias e testemunhos.

A hora das acomodações já passou; estamos agora enfrentando o dilema de seguir o Mestre, evangelizando-nos, ou perecer espiritualmente dominados pelas forças negativas do mundo.

64
FRASE SIGNIFICATIVA

Estudos científicos realizados para conhecimento do ritmo da vida biológica das diferentes espécies animais e mesmo do homem, levaram alguns investigadores à seguinte declaração:

"Nós somos compostos de pó e da luz de uma estrela."

Os cientistas materialistas aos poucos vão se aproximando das verdades espirituais. Esse conhecimento será para eles mais completo e definitivo quando se conscientizarem da existência do Espírito que, em todos os casos anima a matéria, deixando de lado seu arrogante sentimento de orgulho e de superioridade tecnocrata.

65
UNIDADE DA NATUREZA

Os mesmos elementos que formam a grafite, mineral fraco, de forma octogonal, podem transformar-se em diamante (carbono), mudando-se sua forma para a cúbica.

Isso, porventura, não demonstra a unidade da criação universal?

66
SADUCEUS

Segundo notável Instrutor desencarnado, autor de obras valiosas, os saduceus mereciam simpatia duma certa classe do povo mais que os fariseus, porque dedicavam-se a obras de caridade, eram generosos e não fanáticos, mas céticos.

Não aceitavam a ressurreição dos mortos, que os fariseus adotavam. Hanan era o expoente dessa classe.

67
O REINO DE DEUS

Quando perguntaram a Jesus onde se encontrava o reino de Deus, que tanto apregoava, respondeu: "O reino de Deus está em vós mesmos se quiserdes abrir vossas almas às verdades divinas". Em vós mesmo está vosso rei, vosso divino dono, que vos diz:

"Se amáis como Eu vos amo, farei minha morada em vosso coração."

Deus está em nós sempre, porque somos um átomo de seu próprio pensamento evoluindo na matéria; se ele diz: "Se amáis como Eu vos amo", condicionou o conhecimento ou a constatação de sua presença à prática voluntária e natural do amor, que é a expressão dessa presença em nós, o mesmo que dizer que esse conhecimento deve ser de elevada condição, não simplesmente intelectual, superficial, passivo, mas desinteressado, espontâneo, puro e dinâmico.

68
PRETENSÃO RECUSADA

Jesus sempre desautorizou as pretensões de pessoas que queriam elevá-lo a rei dos judeus, dizendo-lhes que seu reino não era deste mundo; e sofria por ver que suas atividades redentoras eram tão mal entendidas e consideradas.

Conviveu preferentemente com os pobres e necessitados, doentes e miseráveis, em benefício dos quais manifestava amplamente os poderes psíquicos que possuía e dos quais largamente usou para fazer o bem em todos os sentidos, durante sua curta vida de 33 anos.

69
A FAMÍLIA

A família é considerada, nos planos espirituais, a primeira área em que os homens e as mulheres provam reciprocamente o amor e a fraternidade, sendo, além disso, o primeiro grau na escola do amor verdadeiro.

Esteio da sociedade, refúgio amoroso para os que lutam pela sobrevivência e pela prosperidade do lar, este instituto, valioso e insubstituível, está sendo nos nossos dias destruído pela civilização materialista, mal orientada.

70
LUZ CONTRA AS TREVAS

A onda destrutiva da imoralidade, do egoísmo, da corrupção e da insensibilidade religiosa está vencendo momentaneamente por toda parte, a batalha da luz contra as trevas, estas últimas comandadas pela Besta apocalíptica analógica, tão bem descrita por João Evangelista no seu "Apocalipse".

Mas a esperança do mundo está na força oposta, a da espiritualização, não simplesmente intelectual e suposta, mas verdadeiramente efetiva, através da evangelização, nos termos marcados pelo Divino Mestre; e o Espiritismo foi trazido ao mundo como elemento de grande capacidade para fazer valer o argumento espiritual sobre o material, tendo sido lançado sob essa perspectiva de finalidades científicas, para se neutralizarem hostilidades possíveis de oponentes interesses.

71
TEMOR DA MORTE

Não há porque temer a morte: "A vida encarnada é uma escravidão para a alma humana; uma grosseira vestidura de carne semelhante a que veste os animais"; uma angústia de todas as horas e uma incerteza permanente do momento seguinte, que a Deus pertence.

A morte, entretanto, nesse panorama angustiante é a libertação; é a volta à pátria espiritual, onde dominam a beleza, a segurança, a alegria, a felicidade e o amor verdadeiro, imenso, que não conhece limites nos universos infinitos do Pai Criador.

72
DÁDIVAS

"Correntes de luz e de poder se derramam com abundância sobre os Espíritos colocados pelo Senhor nos lugares que lhes são marcados". Isso deve nos dar a todos, segurança e uma imensa gratidão pelo muito que recebemos para podermos vencer o mal e conquistar a felicidade eterna no seio de Deus.

73
MORADAS A CONQUISTAR

As inúmeras moradas existentes nos universos de Deus, nosso Pai, são alcançadas por nós segundo o esforço que desenvolvemos em nos espiritualizarmos, dedicando-nos, em seguida, ao serviço de nossos semelhantes.

Mais belo e luminoso será o céu que conquistarmos, na medida em que mais nos devotarmos ao serviço dos necessitados, sobretudo no campo do esclarecimento, da luz, para ajudá-los a seguir seus caminhos sem desvios, e do amor, para se sentirem confortados nas horas de maior precisão.

Inúmeras são as moradas, os mundos, nos quais as almas exercitam sua capacidade de vivência com Deus e com os semelhantes; porém a nossa de hoje é esta — a Terra — e se não iniciarmos, sem perda de tempo, nosso aperfeiçoamento íntimo, para aumentar nossa capacidade de amar desprendidamente a Deus e aos homens, essas moradas continuarão a permanecer fora do nosso alcance; serão somente um sonho ou uma simples miragem.

74
ALTERNATIVAS

Nos seus ensinamentos aos discípulos e familiares Jesus dizia: “De duas maneiras devemos considerar a vida física em planetas inferiores: como expiação de transgressões graves da Lei Suprema de amor aos semelhantes, ou como tarefa divina de amor junto à humanidade”.

Em ambos os casos dizia Ele, não há razão alguma para se ter apego exagerado à vida ou temor a morte. Se estamos encarnados, expiando culpas, quanto mais depressa terminarmos a prova, melhor para nós; e se aqui estamos como mensageiros do Pai Eterno, uma vez transmitida a mensagem ou dado o testemunho, quanto mais depressa voltarmos ao Seu seio amoroso, onde encontramos a felicidade que aqui não existe, tanto melhor será para nós.

75
PROFECIAS

Das profecias pubicadas para os próximos e últimos dias deste período evolutivo da humanidade, focalizaremos as seguintes:

a) Países serão conquistados pelo comunismo, que se infiltrará em toda a Europa, porém num caráter menos violento e radical.

b) Outros, para poderem manter-se, se incorporarão aos Estados Unidos, como novos estados federais e haverá guerra aérea e atômica, por meio de foguetes entre EUA, Rússia e Canadá.

c) Terras submergidas voltarão à tona, formando continentes novos e extensas regiões existentes hoje, serão afundadas e desaparecerão sob as águas, sobretudo na costa oeste.

76
JESUS, DEUS?

O Espiritismo considera Jesus como Espírito que evoluiu nas encarnações como os demais seres criados, ascendendo por suas virtudes às elevadas esferas crísticas, sendo hoje a excelsa entidade espiritual protetora e responsável pela evolução da humanidade do nosso planeta.

Mas, João Evangelista declara no evangelho de sua autoria, que Jesus é filho unigênito de Deus e isso discorda do que se pensa, a não ser que se admita ser Ele o único gerado para o governo deste planeta desde sua criação, isto é, destinado a esse cargo desde início.

Pedro diz: "Filho de Deus vivo" e Paulo assim concorda; João Batista diz: "Cordeiro de Deus que tira os pecados do mundo".

Mas o mesmo João Evangelista, no Apocalipse 3:21 — transcreve palavras do próprio Cordeiro quando diz que "deve-se lutar e vencer como ele lutou e venceu para sentar-se no trono do Seu Pai", o que deixa supor ter de fato evoluído em mundos materiais.

Jesus em suas pregações dizia que era "filho do homem" e também dizia que era "filho de Deus", no que confirma ambas as versões.

Assim sendo, podemos concluir pelo evangelho que Jesus, na vastidão do tempo evoluiu, até atingir o alto grau de Espírito crístico, classe também conhecida como "Espíritos amadores", messias, e que possuem condições de Espíritos divinizados, mas não Deus.

O caráter sobrenatural que lhe foi dado desde os primeiros tempos do cristianismo, de messias ungido, concorreu para que fosse considerado um deus e, nessa qualidade, foi posto na trindade católica romana, como segunda manifestação de Deus, o que convinha à religião absorsora do Cristianismo Primitivo. Neste nada havia a esse respeito, salvo a certeza de que Jesus era um missionário divino; mas, considerado deus, dava a essa religião recém--formada a enorme autoridade de representante de Deus na Terra.

O argumento mais sério que se tem nesta contradição, para se formar juízo sobre o assunto é a referida declaração de João Evangelista no Apocalipse 3:21, que não endossa natureza divina, quando o Cordeiro diz: "que na vida deve-se lutar e vencer como ele venceu para sentar-se no trono de Seu Pai".

77
LIBERDADE DE OPÇÃO

O Pai nos concede livre-arbítrio para opinarmos sobre o que melhor nos convém, após análise que a razão deve orientar.

Isso bastaria para que as religiões em geral dessem a seus adeptos plena liberdade de opção, única forma, aliás, de conquistar seguidores leais, conscientes e fiéis.

O Espiritismo principalmente como doutrina dá exemplo dessa liberalidade no problema da crença e da fé, para que o Evangelho do Divino Mestre seja entre nós cultuado com elevada compreensão, alto espírito de responsabilidade, livre expansão de fé racional e segura. Essa liberdade a Doutrina realmente concede pela sua própria conceituação, mas é necessário que isso seja dito com clareza, devido às diversidades de interpretações, para desestimular sectarismos e dogmatizações.

Essa liberdade de opção, entretanto, deve ser condicionada à exigência de uma evangelização positiva e verdadeira, como conquista a ser tentada todos os dias, num esforço rigoroso e progressivo, não opressivo e sistemático, mas livre de qualquer imposição.

78
GERMES DE VIDA

Em alguns orbes, fora da Terra, Júpiter por exemplo, elementos não visíveis, microscópicos, existem no ambiente planetário e possuem alto valor, porque formam núcleos estáveis, poderosos e vibrantes, de vida e de energia, que são aproveitados em muitas atividades práticas.

Os habitantes desse globo utilizam esses átomos e constroem com eles tudo o quanto desejam, com a vantagem de que existem sempre à mão, como reservas a serem utilizadas quando necessário, para muitos fins.

Encontram-se de todos os tipos, pois que formam a base da estrutura de todas as coisas existentes no planeta. Há uma nomenclatura deles e sua manipulação permite inúmeras combinações na vida prática.

Existem, também, na atmosfera da Terra elementos invisíveis, não conhecidos, que a própria ciência, pela radioastronomia já percebeu e classificou.

Mais de trinta espécies de moléculas, a maioria das quais orgânica, como amônia, ácido fórmico, álcool metílico e ultimamente álcool etílico, já classificados, demonstram a existência de vida no espaço cósmico, que não é um vazio gelado, como se pensa.

Novas investigações, nos Estados Unidos, referem-se à descoberta de uma nova partícula elementar, cuja existência pode explicar numerosos fenômenos, que não são alcançados pela aparelhagem científica atual.

Em breve tempo, revelam comunicações mediúnicas, será controlada a eletricidade do átomo e isso mudará muito o aspecto geral das coisas em muitos sentidos e assim terão os homens mais possibilidades de utilizar o átomo de forma simples e natural, em todas as suas inúmeras atividades.

79
NOSSO MUNDO

Os mundos criados evoluem em órbitas próprias, com as atividades que lhes foram atribuídas no concerto cósmico geral, por Deus.

Em sua maior parte funcionam como palcos onde se desenvolvem as atividades dos seres vivos e inteligentes, numa enorme escala de valores que vai do ser larva inconsciente, ao homem espiritualizado, já em condições de se integrar em esferas angélicas.

Referindo-nos particularmente ao nosso sistema planetário, que com sua estrela guia — o Sol — fulge na parte aproximadamente sudeste da galáxia da Via-Láctea que é a nossa, após as suas acomodações geológicas que caracterizam o término do período formativo (condensação, arrefecimento, cristalizações, etc.) — formaram-se os mundos que nela evolucionam, dentre os quais o nosso — a Terra.

Seus habitantes, como todos sabemos, evoluíram transitando nos diversos reinos naturais até atingirem o reino humano primitivo, após milênios incontáveis.

E hoje, já de posse de uma história tumultuosa e cheia de atividades que não honram seus ocupantes, achamo-nos às vésperas de um selecionamento espiritual, que também não se apresenta como muito favorável ao oferecimento de um feliz destino para nossa vida futura, pelo inferior aproveitamento dos ensinamentos espirituais que nos foram trazidos pelos mensageiros divinos, ensinamentos esses que são elementos de capital importância para se evoluir e se conquistar uma vida melhor.

80
RESPOSTAS

Sobre o indefinível e misterioso fundo do passado humano sobre a Terra, as pessoas que se preocupam com seu destino, costumam perguntar e sempre perguntam, o que somos, donde viemos e para onde vamos.

A essas perguntas que já se tornaram habituais, a iniciação espiritual responde através da definição do respeitável Instrutor: "Os homens são chispas vivas do Eterno Vivente, integradas em todo ser vivo que habita os mundos".

"Vieram da infinita imensidade de Deus e para Deus voltam na infinita sucessão do tempo". E prossegue: — "Nesses estágios a chispa primeiramente se reveste de elementos etéreos gasosos e magnéticos e, em seguida, para poder viver e se manifestar nos mundos materiais, condensa um corpo físico e, desta forma, fica possuindo 2 elementos constitutivos de apoio e manifestação, a saber: o revestimento fluídico energético intermediário e o corpo denso".

Esses ensinamentos fornecidos em escolas iniciáticas, velhas de 4 ou 5 milênios atrás, são exatamente aqueles que o Espiritismo difunde desde a Codificação de Kardec na França, há um século, e que seus propagadores oferecem aos seus adeptos.

E nem poderia ser de forma diferente, porque a verdade não tem dupla essência e, mesmo quando mostrada de formas diferentes em épocas diferentes, é sempre semelhante a si mesma.

81
TAREFAS MISSIONÁRIAS

Os Espíritos que atingiram postos elevados na evolução e preenchem determinadas condições, são enviados aos mundos físicos como missionários ou instrutores das respectivas humanidades ou agrupamentos menores, para impulsioná-los nas rotas do aperfeiçoamento espiritual.

A encarnação desses Espíritos missionários é sempre preparada adequadamente e conta com o auxílio de companheiros abnegados para ajudá-los em todos os passos de sua tarefa sacrificial.

82
AUTOLIBERTAÇÃO

Dedicando-se à vivência evangélica, os aprendizes, em primeiro lugar, libertam-se de si mesmos nas partes negativas, transformando-se em seres mais perfeitos; em segundo lugar, desprende-se dos liames retardadores materiais e de companhias humanas perniciosas, tornando-se assim senhores do próprio livre-arbítrio, para as realizações engrandecedoras de sua vida espiritual futura.

83
APOIO DE AMIGOS

Ao tempo de Jesus os anciãos chefes dos essênios, sabiam que seria curta Sua vida física, porque conheciam Sua missão na Terra e esforçavam-se, por isso, em ajudá-Lo desde a juventude, sobre o trato com as coisas materiais que poderiam ser-Lhe obstáculos, e o mesmo em relação às leis humanas e suas consequências na sociedade israelita, para que Ele pudesse enfrentar com desembaraço as diferentes circunstâncias e imprevistos que Lhe surgiriam na pregação.

84
PSICOGRAFIA MECÂNICA

Havendo pleno domínio da mente do médium — pelo Espírito comunicante, é dispensável a psicografia mecânica que, como se sabe, oferece sérios inconvenientes por ser, afinal de contas, uma manifestação de efeitos físicos, nos quais sempre se manipulam fluidos pesados e, em muitos casos, sentimentos e objetivos tendenciosos, por parte dos comunicantes, que nem sempre podem ser identificados.

85
GOVERNO DO PLANETA

Ismael, o guardião espiritual do Brasil, tem poderosa influência no governo espiritual do planeta, como assessor de Jesus.

Ele conta com o Brasil, sobretudo na difusão, na exemplificação e na vivência espontânea e consciente do Evangelho Redentor.

86
CHEFIA ESPIRITUAL DO PAÍS

Na direção e orientação do nosso país, Ismael conta com cooperadores valiosos e muitas "fraternidades" — cada uma servindo em determinado setor ou região, dentre as quais se inclui a dos "Discípulos de Jesus", criada em 1950 e atualmente expandida por diferentes casas espíritas do estado e de fora, inclusive no estrangeiro.

Segundo informações que possuímos, os assessores mais diretos de Ismael para a direção espiritual de nosso país, são alguns dos que estiveram aqui na Terra, encarnados, cooperando na tarefa redentora de Jesus.

87
PREVISÕES

O que ocorre agora no mundo e ocorrerá até fins deste ciclo evolutivo, são acontecimentos previstos desde os tempos em que Jesus esteve entre nós; e são previsões feitas pelos profetas antigos, pelos apóstolos e pelo próprio Divino Mestre.

Esses acontecimentos fazem parte do carma do mundo, que o passar do tempo só tem agravado, pela inobservância dos seus ensinamentos, ao invés de terem sido atenuados com sua vivência e exemplificação.

88
CÚPULA ESPIRITUAL

A cúpula do movimento direcional espírita em nosso país, conta também com o conjunto dos Espíritos maiores que conhecemos e com os quais, de certa forma, convivemos nas atividades doutrinárias; os protetores, guias e instrutores — que, com extremada solicitude, ajudam e orientam necessitados — trabalhadores e dirigentes encarnados.

89
ARREGIMENTAÇÃO

Na medida em que se amplia o trabalho na Terra e cresce o número de médiuns, cooperadores e dirigentes, que tomam conhecimento da vida nos planos espirituais, vão sendo eles enquadrados pelo Plano Espiritual no plano geral de trabalho nos locais em que servem e atuam.

E assim, diariamente, cresce o exército do Bem e se expande o número daqueles que recebem e que aceitam e decidem enquadrar-se nas legiões comandadas por Jesus, lutando pela redenção desta humanidade.

90
EVOLUÇÃO DOS ACONTECIMENTOS

No plano espiritual ocorre constante evolução de acontecimentos de interesse para a vida material dos homens e há conhecimento prévio dos fatos a ocorrer no âmbito dos dirigentes e responsáveis que têm, assim, visão do presente e do futuro.

O que é do conhecimento, às vezes remoto, dos Espíritos maiores, só com o passar do tempo aqui no mundo material vai se projetando, chegando ao conhecimento dos encarnados, cabendo a estes anotá-los, classificá-los, colocando cada um no devido lugar.

91
ENCARNAÇÃO MISSIONÁRIA

As encarnações crísticas que se deram na Terra e que os orientais denominam "avatares", segundo autores, têm sido sempre do mesmo Espírito responsável pela vida planetária ante a Divindade Suprema, donde emanou a divina investidura e assim será até a completa evolução da humanidade do planeta, após o encerramento deste ciclo e as novas aberturas.

92
FIDELIDADE RELIGIOSA

Os hebreus escravizados no Egito receberam do faraó Ramsés I, avô de Moisés, a doação do vale do Goshen, região pantanosa e inexplorada do delta do Nilo, como local de moradia.

Dentre os povos escravizados, o hebreu era o mais conceituado, por possuir habilidades profissionais, imaginação criadora e capacidade de produção de trabalho; somente nesse local podiam eles realizar seu culto particular.

Era também dentre todos o povo mais numeroso e prolífico, tornando-se por isso, a essa altura, um verdadeiro problema social e administrativo do governo, com a agravante de não aceitarem os costumes e a religião politeísta popular dos egípcios.

93
O ÊXODO

O número de hebreus que saíram do Egito com Moisés era aproximadamente de 600 mil, incluindo-se milhares de escravos de outras nacionalidades, sírios, árabes, fenícios, núbios, cretenses, etíopes, líbios, mauritanos, etc., que se aproveitaram da concessão feita a Moisés para recuperarem sua liberdade.

Logo nos primeiros acampamentos feitos pelos hebreus, após a travessia do Mar das Canas (parte estreita de um braço do Mar Vermelho), esses estranhos começaram a abandonar a coluna, refugiando-se em cidades vizinhas ou desaparecendo no deserto.

94
O ÚLTIMO AFUNDAMENTO

O último dos afundamentos da Atlântida se deu quando ocorreu a morte do último dos reis tolstecas, Anfion de Orozuma, fundador da Fraternidade dos chamados Profetas Brancos.

95
CIDADE SUBTERRÂNEA

Os acontecimentos se repetem na história do mundo.

Pelo temor da bomba atômica e artefatos nucleares de grande poder destrutivo, as nações estão construindo refúgios subterrâneos, destinados a abrigar os poderes públicos e a população, e ministérios especiais são criados na administração pública para controle rigoroso desse trabalho de sobrevivência.

Terríveis são as perspectivas da vida humana em nossos dias e o pavor pela deflagração desses engenhos modernos, que arrasam cidades e países inteiros em poucas horas, e afetam, pelo envenenamento da atmosfera a vida, inclusive dos povos não responsáveis pelos conflitos armados.

É por isso oportuno recordar que o faraó Amenhomet II, da XII Dinastia, ainda no tempo em que os faraós eram também sacerdotes e o Egito a maior potência da Terra, mandou construir a misteriosa cidade subterrânea, denominada pelo povo de Labirinto, onde cabia a população inteira da capital e cujas entradas e saídas desafiavam os mais audazes e argutos aventureiros ou conquistadores.

Transcorridos cinco mil anos, podemos ver o acerto da sentença lapidar de Salomão, o rei judeu, tido como sábio, que dizia: "Nada há de novo debaixo do sol".

No mundo tudo passa e muda de aspecto, conquanto muitas vezes, como mostramos, os acontecimentos se repetem; somente permanece a alma humana incansável, resoluta, na rota de sua evolução espiritual.

96
DEFEITOS MORAIS

Os defeitos morais que, na iniciação dada nos templos egípcios, impediam a união verdadeira da alma humana com a Divindade, eram os seguintes: a avareza, a luxúria, a inveja, a ira, e a hipocrisia.

A avareza, porque prejudicava o desenvolvimento da virtude do desprendimento; a luxúria, porque a dominação sexual dificultava a libertação da alma das atrações da animalidade inferior; a inveja, porque abria caminho a inimizades e ressentimentos; a ira, porque facilmente levava aos impulsos do ódio e da agressividade; e a hipocrisia porque alimentava a falsidade e a mentira e destruía a confiança das pessoas uma nas outras.

Neste particular, após estes milênios passados, a situação não mudou muito e os homens de hoje são dominados pelos mesmos defeitos e não fazem muito empenho em ficar livres deles, muito embora o próprio Jesus tenha recomendado a necessidade das transformações morais dos homens, sem as quais não seriam dignos de penetrar no Seu Reino de amor e de paz eternos.

97
RETORNO A DEUS

Os seres humanos saíram de Deus como chispas de luz e a Ele devem voltar como estrelas vivas e resplendentes.

98
PUNIÇÕES COLETIVAS

Um dos motivos que mais concorreu para o afundamento do grande continente da Atlântida, existente entre a Europa e as Américas e do qual o oceano que o separa tomou o nome, foi a degradação moral dos habitantes, o domínio dos defeitos e dos sentimentos inferiores, e a larga disseminação da magia negra, que tornou impossível as manifestações pacíficas do bem e do amor, que são as bases da criação divina.

Essas práticas condenáveis existem até hoje, praticadas por inúmeras pessoas, inclusive em nosso país, retardando a propagação do Evangelho de Jesus e a redenção da humanidade.

Não há necessidade de magia para que o poder dos homens se evidencie no ambiente da Terra, bastando que se utilizem os recursos benéficos do amor e da bondade, que são os únicos que constroem para a eternidade.

Nenhuma vantagem decorre da prática do mal, mas sim enormes desvantagens, perigos e terríveis consequências, no presente e no futuro, daqueles que assim procedem.

Agora que se fazem tão próximos os momentos decisivos e emocionantes do selecionamento dos bons e dos maus, predito para os últimos dias deste século, que é o fim de um ciclo evolutivo planetário, ainda há tempo para que muitos irmãos nossos, mal orientados e espiritualmente retardados, abandonem o caminho ruinoso do mal e se voltem para o Divino Mestre e se incluam nas Suas legiões salvadoras, bastando para isso que, unicamente, o desejem, após meditação e decisão sincera e definitiva.

99
A VOZ SEM RUÍDO

Uma experiência que todos fazemos, quando já desenvolvemos um pouco de sensibilidade mediúnica, é ouvir a voz sem som dos Espíritos, nos momentos de dificuldades ou vacilações.

Não se trata de inspiração ou intuição, mas do fato de se ouvir o que nos dizem os Espíritos sem utilização dos ouvidos orgânicos.

É ouvir e entender o que nos dizem dentro, através, ou fora do corpo físico. Não é comum que às vezes sem qualquer preparação, ouvimos claramente nos chamarem pelo nome? Isto ocorre.

Mas este não é o fenômeno a que nos referimos, no qual as palavras não tem som, mas somente sentido e soam de preferência dentro de nós, na nossa mente sendo, portanto, um fenômeno psíquico ou anímico.

É simplesmente mediunidade auditiva, que se exerce de muitas formas e ocorre com maior objetividade quanto maior for a sensibilidade mediúnica e a capacidade de exteriorização do médium, que ajuda muito a ouvir melhor, porque ouve ao mesmo tempo do lado de lá.

É a voz sem ruído a que se referem as tradições de tempos imemoriais e que os místicos confundem com santidade ou poder sobrenatural.

100
IGOS A EVITAR

Partindo da crosta terrestre onde vivemos, é forçoso que os médiuns desdobrados atravessem regiões sombrias e terrificantes do etéreo inferior, onde vivem Espíritos dessa condição que se dedicam ao mal, sofrendo os efeitos dos males que praticaram e que projetam sobre a Terra suas vibrações de revolta, ódio e violência, juntamente com impurezas de toda espécie.

Quando não conseguem evitar essas regiões em muitos casos os médiuns se perturbam, se confrangem e atemorizam e somente apoiados e defendidos pelos Espíritos Instrutores ou acompanhantes, poderão atravessá-las incólumes.

101
UM VERDADEIRO MESSIAS

Na ordem cronológica das encarnações de missionários criadores de religiões, Moisés se coloca entre Krisna e Buda, ambos da Índia, sendo de certa forma um precursor de Jesus, encarnado 1.500 anos mais tarde, porque antecipou revelações que Jesus veio confirmar e ampliar com seus ensinamentos redentores.

Limitando-nos à leitura bíblica, fazemos de Moisés uma imagem limitada, infiel, tendenciosa, falsa, adequada à formação de uma religião que adotou conceitos inaceitáveis para mentes mais livres.

A tradição espiritual, todavia, coloca-o no seu devido lugar, na sua verdadeira imagem, com a grandeza a que tem direito.

102
TAREFAS DE MOISÉS

Nunca será demasiado o esforço que fizermos para enaltecer a personalidade espiritual de Moisés, que encarnou na Terra antes de Jesus, cujas iniciativas e atividades transcendentes se efetivaram no mundo com elevado teor de utilidade coletiva, como entre outras:

1) A criação do primeiro povo unido em torno de um Deus verdadeiro e único, eterno, universal e invisível.

2) A libertação desse povo escravizado no Egito mais de 400 anos juntamente com outros de muitas nacionalidades.

3) A doutrinação desse povo por mais de 40 anos nos desertos arábicos, numa incrível resistência às dificuldades próprias da vida naqueles tempos remotos e bárbaros.

4) O recebimento do Decálogo — a Lei do Sinai — código de elevada significação moral destinado não somente à nossa humanidade, mas também a outras de civilização espiritual semelhante ou aproximada, de outros mundos do nosso sistema planetário.

5) Os efeitos dessas atividades missionárias concorreram também para que Jesus — o Espírito crístico planetário — encarnasse no seio de um povo de formação religiosa um tanto mais compreensiva, obediente e fiel a um Deus único; e pudesse desenvolver em condições ambientais

mais favoráveis sua missão salvadora, com base na paternidade de Deus e na fraternidade dos homens e cujos benefícios se prolongam até nossos dias com o cristianismo.

Após dois mil anos, preparamo-nos agora para defrontar o transcendente selecionamento espiritual do final deste milênio, para a formação de uma humanidade futura mais evoluída e apta à vivência dos ensinamentos deixados pelo Divino Mestre em espírito e verdade, isto é, no seu sentido mais profundo de aperfeiçoamento moral, único fator realmente redentor.

103
AGENTES DE PURIFICAÇÃO

Todos sabemos, e as religiões espirituais sempre ensinaram, que "a dor e os sofrimentos são o crisol onde as inferioridades e as maldades humanas são queimadas e diluídas" e as almas purificadas nos resgates de seus débitos, defeitos e imperfeições, que vêm do remotíssimo início das civilizações no planeta.

Somente quando já passou por esse processo de purificação, o Espírito humano amadurece para as verdades reais da vida espiritual.

104
OS MESSIAS

Segundo tradição espiritual, 70 são as elevadas entidades espirituais denominadas messias que concorreram para formar e governam esse universo de mundos que nossa vista desarmada alcança no céu.

Dentre eles se encontra aquele que formou e governa espiritualmente esta nossa morada planetária.

105
PROVAÇÕES REDENTORAS

Quando entramos em um processo de resgate de aspecto mais violento ou doloroso, isso significa que próximos estão a libertação e o repouso, na parte referente aos defeitos ou às transgressões a resgatar. Dessa prova de fogo ninguém escapa ou pode eximir-se porque as leis de Deus são irrecorríveis, para felicidade nossa porque somente assim adquirimos a liberdade e retomamos nossa evolução no ponto em que foi interrompida.

106
TOLSTECAS

Os tolstecas foram uma das raças atlantes que sobreviveram ao afundamento do continente.

Entre os existentes no continente eram os mais evoluídos intelectual e moralmente.

Remanescentes desse povo refugiaram-se na América, na zona do futuro México, onde deixaram marcas indeléveis, que até hoje existem.

No século XVI foram dizimados pelos astecas, povo guerreiro muito menos evoluído, do qual descendem inúmeras populações do próprio México e da América Latina.

O povo basco do leste da Espanha, conhecido mundialmente pelas lutas que sempre travou por sua independência, julga-se descendente dos tolstecas, e seus costumes e a própria língua dão-lhe crédito.

107
O ZODÍACO

O zodíaco construído por Rama, o patriarca celta que comandou a incursão dos árias para o Oriente nos tempos pré-históricos, é uma figura geométrica circular, dividida em 12 casas ou signos, cada uma delas sob o patrocínio simbólico de gênios, astros, animais e outros objetos, através dos quais o sol faz seu giro anual, delimitando as quatro estações climáticas do ano.

No sentido cósmico o zodíaco marca o giro dos séculos, formando ciclos que correspondem à marcha completa do sol na eclíptica, cuja duração era de 25 mil anos, cabendo 2.000 anos para cada ciclo, ao termo dos quais ocorreriam acontecimentos importantes no planeta.

108
LUZ EM NÓS

Todos sabemos que Deus está sempre presente em tudo e em todos; tudo sabe, tudo vê, tudo ouve, porque Ele é como a luz que dá cor, beleza e vivacidade e tudo interpenetra, as casas, os campos, as florestas, os lagos, os mares e torna visíveis todos os seres, tanto de dia como de noite.

Assim também, nos seres humanos, se tivermos em nós harmonia e paz, pureza, bondade e amor, através de nós Deus se mostrará, far-se-á presente, com maior ou menor intensidade, segundo a nossa própria transparência e claridade.

Quanto mais densos e impuros, mais compactos, escuros e pesados seremos e a luz de Deus não se manifestará através de nós; e quanto mais puros, harmoniosos, delicados, mais transparecerá e mais brilhará essa luz de Deus em nós para benefício do mundo.

109
EGOÍSMO DOMINANTE

Nos mundos inferiores e animalizados, o egoísmo ocupa nove partes em dez e o amor deve contentar-se com somente uma, de sobra.

Mas, em compensação, nos mundos mais felizes e elevados, onde predomina o sentido espiritual da vida, o amor tudo interpenetra e domina e não há lugar algum para o egoísmo frio, duro e impiedoso da Terra.

110
TOLERÂNCIA DIVINA

A Lei divina é sempre favorável, benfeitora, generosa com aqueles que a respeitam e a seguem, sem contudo, desprezar os que a contravêm e afrontam, porque a vida é mudança e há sempre um amanhã mais esperançoso para os seres que o Pai criou e lançou nas rotas da evolução.

111
PESQUISA E PACIÊNCIA

A busca da verdade, sobretudo no início do esforço, se apoia grandemente na curiosidade e na paciência; curiosidade para pesquisar e paciência para sofrer e perseverar.

Diz um respeitável Instrutor: “A curiosidade para o que é inferior afunda-se no lodo; a curiosidade para o que é elevado sobe até as estrelas”.

112
ALMAS GÊMEAS

Haverá um momento na evolução dos seres em que estes entram pela primeira vez no reino animal, como células vivas, nos pontos baixos desse reino, no mar, nos rios, nas florestas, onde for possível crescer e evoluir, transformando-se, com o passar do tempo, em animais e, prosseguindo, em seres humanos primitivos.

Pois esta é uma teoria da tradição espiritual que defende a existência das almas gêmeas, aquelas que nasceram juntas, cresceram juntas, evoluíram juntas, e sempre se buscam, mesmo quando separadas em inumeráveis vidas.

Pensam da mesma forma, têm os mesmos gostos e aspirações e vibram na mesma sintonia, como gêmeos que são nascidos do mesmo ventre.

Esta é a teoria que no Espiritismo sofre reservas e é preterida por outra segundo a qual não há propriamente almas gêmeas, senão almas afins que se aproximaram, evoluíram juntas e se buscam sempre, nos infinitos páramos do universo imenso.

113
MAIAS

As tradições históricas dos Maias, descendentes dos atlantes, povoadores do México e da América Central, alcançam até 14 mil anos antes da chegada de Colombo à América, no ano 1492 do nascimento de Jesus.

114
TEORIA NÃO ACEITÁVEL

Os tolstecas, povo que habitava maiores extensões do continente atlante e que mais concorreu para a civilização daquele continente, eram mais acobreados, semelhantes aos peles-vermelhas americanos. A origem dessa raça é discutida e há autores que a localizam até mesmo na África, que asseveram terem tido ligação com a América, quando o certo é que o negro jamais existiu na América pois, caso contrário, os descobridores, inclusive Colombo, o teriam visto ou, no mínimo, teriam tido evidências de sua presença, o que também não foi constatado e sua existência somente se verificou com as importações de escravos negros para as regiões rurais do sul do país.

115
DIVERGÊNCIAS APARENTES

É corrente acontecer que ensinamentos doutrinários dados de certa forma em uma época, venham a ser dados em outra, de forma diferente, deixando-se supor que não são autênticos ou concordantes.

É certo porém, que as verdades, sendo únicas, nem sempre são compreendidas e assimiladas da mesma forma. Por exemplo: Os Dez Mandamentos recebidos no Sinai por Moisés, já haviam sido revelados antes, de forma um tanto diferente.

Porém, a verdade é a mesma proclamada diferentemente, em outras religiões, milhares de anos antes.

Ao invés de se julgar que Moisés não recebeu realmente essas revelações, ou tinha conhecimento antecipado delas e simplesmente as repetiu, o mais acertado será compreender que o que um missionário ensina nem sempre é conhecimento novo, mas repetido, de missionários anteriores; porque os homens são duros de coração e de compreensão, e a repetição é sempre necessária, mormente na antiguidade, quando não existiam as facilidades que temos hoje de comunicação e arquivamento de conhecimentos; e mesmo hoje, para se gravar uma informação ela não é repetida somente uma vez, mas centenas de vezes, dia a dia, pela imprensa, rádio e televisão, até se gravar à força no subconsciente dos ouvintes?

O Evangelho de Jesus é repetido há quase dois mil anos por toda parte e mesmo assim somente quem se devota a ele é que o conhece e poucos ainda os que o praticam.

116
AUTORIDADE MISSIONÁRIA

No tempo de Moisés a situação do mundo era lastimável, e inúteis tinham resultado os sacrifícios e os ensinamentos dos missionários que, até então, tinham encarnado na Terra, no oriente e no ocidente.

Eis como um mentor espiritual analisa essa situação:

"A humanidade terrestre se afogava em uma agitada inundação de erros e fanatismos; todas as paixões humanas tinham seus deuses tutelares, que auspiciavam, autorizavam e ainda glorificavam as mais abomináveis superstições, inclusive sacrifícios humanos."

Era de prever que o mal que dominava o mundo precipitaria a humanidade em um abismo insondável, como já havia acontecido antes, com as civilizações Lemuriana e Atlante.

Os hierofantes dos templos egípcios, que seguiam a orientação oferecida pela tradição atlante e toleravam o politeísmo popular, apoiavam os esforços de Moisés, destinados a dar nova e mais legítima orientação religiosa ao mundo, pelo culto do Deus único, eterno, invisível para arrancar a humanidade dos cultos abomináveis, semi-animalizados e muitas vezes malignos de um politeísmo primitivo.

Essa foi a tarefa que Moisés executou de forma admirável, selecionando um povo capaz de aceitar um deus único e oferecendo o Decálogo para aperfeiçoar a conduta individual dos pertencentes a esse povo, que ficaria como padrão ideal de conhecimento e de conduta para os demais.

117
COMO A VERDADE CAMINHA

Eis como a verdade passa de um missionário a outro.

O discípulo de Antúlio — Hilcar, condenado e perseguido na Atlântida porque, em escolas de sabedoria ensinava a pluralidade das encarnações e a existência de um Deus único, emigrou para o oriente e através do oceano, atingiu a Ática pré-histórica, onde criou a fraternidade dos Dáctylos.

Passando para a região do Nilo, fez contato com a Fraternidade Kobda, instalada na cidade de Nhangadá, no Delta e desencarnando, voltou mais tarde na pessoa do faraó Anek-Aton, também conhecido como Aquenaton ou Amenhot IV, envenenado e morto por ter introduzido no país o mesmo culto do Deus único — Aton, do qual tomou o título. Essa foi a linha doutrinária que Moisés ampliou, legitimou e desdobrou em conhecimentos mais amplos e perfeitos, nos moldes da tarefa que devia realizar como missionário crístico antecessor de Jesus de Nazaré.

118
NA EVOLUÇÃO

Bela imagem formulada por uma entidade de alta condição e ampla consciência de vida universal.

"Nas rotas da imensidão a vida se sucede como as noites e os dias em sua eterna rotação, até que as almas vejam crescer suas asas e embranquecer suas vestiduras."

Querendo dizer: até que as almas alcem seus voos pelo infinito, após terem se purificado e suas vestiduras espirituais embranquecidas pelos sofrimentos, na evolução pelos mundos materiais.

119
VALOR MORAL

Os tolstecas adoravam ao Deus único e foram eles que fizeram a grandeza da vida na Atlântida. Adorar ao Deus único naquela ocasião, quando os poderes espirituais inferiores dominavam, é prova de grande elevação moral.

120
VALOR DA INICIAÇÃO ESPIRITUAL

Considerando que a maior parte da população do globo é desencarnada, não sendo fácil, para nós que estamos aqui agora, voltar de novo, com rapidez, para completar nossas provas e nos libertarmos da vida nos mundos baixos; e também, que a população por toda parte está tentando reduzir os nascimentos de novos comensais para enfrentar as dificuldades de obter recursos e bens de vida, sobretudo de alimentos, sendo negras as previsões científicas sobre isso, crescem então de vulto as oportunidades das reencarnações e dos conhecimentos espirituais.

Ante estes argumentos de sentido material avultam os ensinamentos doutrinários conhecidos, segundo os quais somente os insensatos ou incréus malbaratam suas encarnações a troco de comodidades ou prazeres ilusórios e passageiros.

Daí a importância das iniciações espirituais para o aproveitamento consciencioso do tempo que se tem para resgate de débitos e eliminação de defeitos e vícios, sem mais demora, o que alguns julgam ser um exagero, bastando crer em Deus, dizem eles, para que tudo acabe bem...

E então avulta também de valor a existência da Escola de Aprendizes do Evangelho, criada justamente para isso e cujas portas devem estar sempre abertas para todos quantos desejem apressar sua evolução, purificando-se, evangelizando-se.

121
A GRANDEZA DA CRIAÇÃO

Estudos astrofísicos modernos confirmam entre outras coisas, que em nossa galáxia — a Via Láctea — o nosso Sol é uma das milhares de estrelas formadoras e que somente neste universo, que é o nosso, existem muitos milhões de galáxias.

NOTA: Para compreender melhor o que está dito, acrescentamos que espiritualmente há um número indeterminado de universos.

Na astronomia tudo é incomensurável e como cada Sol é o centro de um sistema planetário composto de centenas de astros e há milhares de sistemas planetários em cada galáxia, bastaria (se pudesse calcular o número de astros de uma simples galáxia) para se ter uma ideia, muito pobre ainda, da grandeza da criação divina e da nossa insignificância pessoal, como também da imensidão dos universos existentes no infinito.

122
ENSINO TENDENCIOSO

Para que houvesse no mundo evolução regular neste período chamado cristão que se encerra com o transcurso para o Terceiro Milênio, deveria ter havido escolas de ensino espiritual, aberto e livre, nas quais o conhecimento de Deus e das almas, unido à ciência e às artes humanas, prevalecessem, e sociedades se construindo na base de verdades espirituais universais e eternas, sem outra preocupação que a do bem comum.

Mas o que aconteceu foi justamente o contrário: os ensinamentos foram fechados, tendenciosos e dogmáticos, por causa da ignorância dos homens e de sua maldade e nos últimos tempos, nas universidades, o que predomina é o materialismo e não o espiritualismo.

Isto deu margem à criação de inúmeras correntes de pensamento sectário que difundem conhecimentos espirituais diferentes, muitos deles com tendência francamente politeísta, enquanto o mundo se afoga na amoralidade.

123
DESDOBRAMENTOS

Nos desdobramentos, o médium deve estar sempre custodiado por Espíritos amigos ou Instrutores, que lhe assegurem não só a integridade física, como a psíquica, mantendo ligações pacíficas com o corpo físico no local onde repousa, com as necessárias medidas de segurança e tranquilidade.

Impossível seria o médium afastar-se do corpo denso sem cuidados prévios, mantendo-se imune a transtornos mentais e físicos que, não só prejudicariam sua encarnação atual, como sua tarefa mediúnica, cujo exercício regular e assíduo é indispensável ao seu progresso espiritual.

124
A ILUSÃO DE CARGOS

Em muitos casos não há motivos de vanglória na elevação de pessoas a altos cargos de direção, na vida dos povos e nações.

Se há ambiciosos que os desejam, lutam por consegui-los, neles se comprazem e deles se aproveitam pelo tempo e com a largueza que podem, colhendo resultados evolutivos negativos, outros ali foram postos para servirem aos semelhantes, ou resgatarem dívidas passadas, com sacrifícios, no campo coletivo; para estes, quando dotados de mais alta compreensão, a permanência nesses cargos, nada mais representa que sacrifício de liberdade, de repouso, renúncia à paz e a no lar doméstico.

A lei da solidariedade humana, muitas vezes exige sua presença nesses cargos de cúpula, dos quais não se agradam, mas suportam como dever e recurso de evolução.

Em geral o que distingue estes casos opostos é justamente o toque que cada um dá ao exercício dele, a natureza dos atos que praticam, o modo pelo qual executam suas funções, os primeiros se aproveitando deles em benefício próprio e pelo próprio engrandecimento material, e os outros com desprendimento, visando unicamente o bem comum.

Os atos em função pública têm às vezes desdobramentos imprevisíveis que são debitados, ou creditados, a seus autores não só pela sua conduta, mas, sobretudo, pelas consequências que gerarem.

125
PROTEÇÃO NO ESPAÇO

No tema 10 descrevemos um sistema usado em Júpiter, de condução de Espíritos em trânsito no Espaço, agasalhados em esferas translúcidas. Entre os diferentes astros existem fronteiras vibratórias intransponíveis em condições normais. Mas, nos desdobramentos, é comum que os médiuns, por espírito de aventura, por interesse de estudo ou por demasiada confiança nas próprias forças, se afastem de nossa atmosfera e fiquem sujeitos a surpresas e perigos, o que também sucede, mesmo dentro da nossa área, nas regiões etéreas inferiores, onde habitam Espíritos de vibração muito baixa e agressiva. Ainda não possuímos um teor vibratório bastante elevado para garantir integridade em todas as circunstâncias, a melhor proteção continua sendo a presença e companhia de mentores, instrutores ou amigos de melhor condição que a nossa.

126
REFRIGERAÇÃO ATMOSFÉRICA

Nos planetas do nosso sistema, mais aproximados do Sol como, por exemplo, Vênus e Mercúrio, o abrasamento pelo calor seria terrível e mortal se não fosse neutralizado por um sistema engenhoso de câmaras de refrigeração, construídas em determinadas camadas do subsolo, e utilizadas em todo o território do planeta que se torna, assim, perfeitamente habitável.

127
AUXÍLIO DOS ANIMAIS

Em Vênus, planeta mais evoluído que a Terra, segundo verificações feitas por meio de desdobramentos avançados, existem também animais, mas somente aqueles poucos que auxiliam o trabalho dos seus habitantes; e o mesmo acontece em outros astros, que possuem condições de vida espiritual aproximada ou semelhante.

128
ALIMENTAÇÃO ANIMAL

Na Terra e em orbes mais inferiores que esta, é normal a imensa diversidade de animais, grande parte dos quais concorrem à alimentação dos habitantes, por serem estes ainda bastante animalizados.

À medida que evoluem as humanidades — se purificam em corpo e espírito e se libertam do costume bárbaro de matar os animais, inclusive os domésticos, auxiliares do trabalho humano e que são sacrificados para satisfazerem as necessidades de alimentação.

Essa necessidade de matar para comer, que veio do fundo dos tempos, desde os primeiros dias da humanidade, quando esta não tinha outro recurso senão este, se justificava naquela época, mas não nos nossos dias, quando é considerável a variedade de alimentos substanciosos, prevalecendo somente a satisfação dos prazeres gustativos.

129
BEM E MAL

É evidente em todas as coisas a luta na Terra entre o Bem e o Mal. No Mal, vive o ódio e no Bem reina o amor; esta é a imensa diferença que há entre estes dois estados de espírito e que sempre existiu e ainda existe, confirmando a tradição religiosa ou filosófica do mundo.

Esta constatação prova que a ciência faliu neste ponto e até mesmo concorre para que perdure o Mal, porque ante todas as evidências e até mesmo ante provas da existência do Espírito humano e de Deus, o Pai Criador, permanecem as tendências negativas de materialidade.

Prova também que o ser humano evoluiu tão pouco, que mais facilmente é sensibilizado pelo Mal que pelo Bem, acomoda-se mais facilmente ao Mal que ao Bem e por isso o Mal ainda se manifesta no mundo.

Diz um Instrutor:

"Nos planos etéreos imediatos ao plano físico as atividades se assemelham a estas que se realizam em nosso próprio plano denso; e também ali se formam alianças terríveis do Mal, não só contra indivíduos, como contra instituições, governos, cidades e povos."

É fora de dúvida que o Mal não vence nessa eterna luta, pois que o Bem é a força criativa soberana, mas retarda a evolução dos seres e das civilizações e, além disso, gera sofrimento e cansaço a todos aqueles que lutam pelo predomínio da paz, da ordem, do amor, do bem, que são valores eternos e não transitórios como sucede com o Mal.

130
PROVAÇÕES

Para os espíritas são familiares os motivos e as origens dos acontecimentos que ocorrem na vida de cada um de nós e que podem ser divididos, grosso modo, em acontecimentos provocados por nós próprios, por atos que praticamos nesta encarnação e outros que são verdadeiras interferências nas nossas vidas, cujas origens não sabemos determinar.

Os primeiros, os de causas conhecidas, ficam logo classificados como efeitos de transgressões que reconhecemos e aprendemos a não repetir; quanto aos segundos, capitulam-se de carmáticos: provações e resgates que sofremos para pagamento de dívidas contraídas em vidas passadas e sobre as quais só nos resta pagar e ajudar a fluir o mais depressa possível, para nos libertarmos.

Para estes últimos, antes que ofereçamo-lhes qualquer reação menos sensata, devemos nos munir de humildade para sofrê-los conformadamente, ajudando o cumprimento da Lei, cujos efeitos ficam assim de certa forma atenuados.

131
TRÊS NOMES DE MOISÉS

Em sua movimentada e fecunda encarnação Moisés foi conhecido por vários nomes: Osarcip — o salvo das águas, na juventude; Aton-Moses, nas suas relações sacerdotais; Moisés, na chefia dos hebreus salvos do cativeiro.

132
ELIMINAÇÃO DE ESPÍRITOS

Em milhares de vidas em mundos encarnados e no espaço, os Espíritos têm sempre oportunidades inúmeras de esclarecimentos e estudos, cada dia representando valiosas oportunidades de experiências e ensinamentos, inclusive recebidos diretamente de missionários divinos.

Os que, mesmo assim, não evoluem, desprezam as oportunidade e as leis divinas, permanecendo irredutíveis na indiferença e no mal, esses podem ser eliminados do ambiente terreno formando, em orbe inferior, um mundo celular primitivo de forma larvar, ao centro do qual, como se fora um núcleo, permanece a mônada, a essência divina; e essa situação perdurará até que surjam reações de cansaço, enfado, na inércia infindável e seja iniciado, nesse conjunto primitivo e degenerado, um processo íntimo de regeneração, recomeçando novamente a evolução nos pontos baixos da escala.

A vida no novo hábitat será condicionada a uma faixa magnética muito forte, para que não possa o Espírito ausentar-se do lugar onde foi confinado.

133
PRATICAGEM DE DESDOBRAMENTOS

Nos desdobramentos em geral, ao transitar por esferas pesadas, o médium sente sobre si uma forte pressão, um incômodo peso, que lhe dificulta até mesmo a respiração.

Quase sempre essas dificuldades provêm de deficiência de apoio do suporte magnético, que permanece na Terra, no lugar do início do trabalho, junto ao corpo físico do médium.

É indispensável que os formadores desse suporte permaneçam firmemente concentrados no trabalho e na sua finalidade, sem distrações ou desvios de pensamento.

Quando o desdobramento é excessivamente demorado (o que é raro acontecer) os membros do suporte podem se revezar, de maneira que a sustentação do médium não sofra alterações.

134
DOAÇÕES DE ENERGIA

A proteção de Deus sobre a criação é permanente, ininterrupta e se objetiva através de canais adequados. Nos sistemas planetários a estrela guia do sistema irradia sobre os demais astros, seus raios de luz, vida e calor, e durante a noite, na ausência dessas vibrações pela rotatividade do astro em torno a seu eixo, legiões especializadas de Espíritos benfeitores projetam poderosas radiações energéticas, que mantêm o ritmo e o calor da vida nos astros dependentes.

135
COBERTURA NOS TRABALHOS

Em todos os trabalhos doutrinários de elevado teor vibratório, a luminosidade do ambiente é a segurança da presença dos bons Espíritos. A concentração dos presentes, o respeito e o amor a Deus e aos semelhantes e necessitados, são os elementos que asseguram a luminosidade, que pode ser observada e acrescida sempre da luz irradiada pelos próprios benfeitores presentes, como auxílio e colaboração preciosa.

136
MÁS CONSEQUÊNCIAS

Os trabalhos doutrinários onde não existe luminosidade são aqueles nos quais as regras e comportamentos doutrinários e evangélicos não são respeitados e a própria vibração ambiental é negativa e até mesmo desagradável, hostil e doentia.

A inobservância das regras já estudadas e aconselhadas após longa experiência, pelos dirigentes responsáveis nos dois planos é, além disso, perigosa porque a ausência dos bons Espíritos traz como consequência a aproximação dos maus, que sempre se aprazem em se apoderar de grupos de trabalhos desorganizados ou rebeldes à lei e à ordem, para a substituição dos programas evangélicos pelos seus próprios, que visam preferentemente o culto dos interesses materiais nem sempre dignos.

137
NOSSA MORADA É ESTA

As reencarnações se sucedem quase sempre no mesmo planeta que habitamos e onde fazemos a nossa evolução.

Como regra, no mesmo planeta elas também se iniciam na forma de simples células vivas que vão sofrendo transformações físicas e psíquicas através dos três reinos até chegar ao reino humano.

Aqui na Terra, como homens transpuzemos as difíceis etapas do primitivismo em plena ignorância, dentro da superstição totêmica, fazendo as demoradas experiências da sociabilização e da sensibilidade psíquica individual.

Iniciamos assim a aquisição do conhecimento de Deus e de suas leis eternas, enfronhando-nos sobre nossas responsabilidades de fraternização como filhos do mesmo Deus Criador.

Por que então não rematarmos nosso esforço dedicando-nos ao bem dos nossos semelhantes, mais atrasados e mais necessitados que nós de esclarecimentos espirituais redentores?

No universo do nosso Pai há muitas moradas, mas aqui na Terra está o nosso compromisso de evolução progressiva pela autopreparação moral; e se tudo for bem, certamente que nos será possível desfrutar de vida mais feliz, em moradas mais elevadas que esta que, por enquanto, para nós são ainda inacessíveis.

138
EXPURGOS DE OUTROS PLANETAS

Revelações mediúnicas informam que Vênus, planeta próximo do Sol e mais adiantado que a Terra, passou, há muitos milênios, por selecionamentos destinados a apurar o tipo humano que o habita desde então.

O refugo desses selecionamentos foi em parte enviado para a Terra como auxílio ao seu progresso, bastante retardado; e a vinda desses Espíritos descartados de Vênus, como também a de outros astros mais perfeitos como, por exemplo, Capela, está inscrita nos anais de nossa história espiritual.

Desde então muitos milênios passaram e a Terra ainda permanece carente de auxílio, para poder livrar-se das legiões inumeráveis de Espíritos imperfeitos e retrógrados que retardam seu progresso.

139
APURAÇÃO DIFÍCIL

Durante o selecionamento do fim deste século, os Espíritos responsáveis pelo nosso adiantamento moral tão retardado na Terra pela inércia humana, aguardam as consequências das calamidades cósmicas, telúricas, atmosféricas e humanas, que serão desencadeadas no globo, para verificarem as possibilidades de melhores reações, tendo como base indispensável a evangelização da humanidade.

Se o número de terrícolas habilitados pelo esforço evangélico atingir a metade, no mínimo, dos seus habitantes que, a essa data, serão mais de seis bilhões, o contingente refratário poderá ser levado para outro planeta mais compatível, saneando assim o ambiente da Terra. Isto é o que informa uma entidade espiritual instrutora. E se não for? Haverá expurgo ou continuaremos todos juntos na casa que é de todos? A decisão será de Jesus.

Vemos assim, quão difícil será essa operação saneadora e o quanto devemos lutar todos nós, esclarecendo-nos e evangelizando-nos, para conseguirmos essa libertação para uma vida melhor.

140
UNIDADES DE CONDIÇÕES

Cada planeta tem sua contextura material concordante com a qualidade dos Espíritos que o habitam.

Assim, na Terra, habitada por Espíritos ainda retardados, o mineral mais comum é o ferro, dentre eles o mais grosseiro e rude e de rápida degeneração; os vegetais, por sua vez, não absorvem do sol os elementos mais profundos, que permitiriam fossem todos benéficos aos seres humanos; e o animal ainda existe em formas hostis e agressivas que tornam muitos deles nocivos à vida humana, merecendo da parte dos homens represálias mortais e verdadeira ação exterminadora.

O mesmo ocorre em outros mundos semelhantes ao nosso ou inferiores, para cumprimento da sabedoria e da justiça perfeita de Deus.

141
O PLANO ETÉREO

Os mundos mais evoluídos não possuem, à sua volta, formando o que se chama “umbral” ou etéreo, ou astral, essa faixa espessa, mais ou menos densa, habitada por Espíritos inferiores, muitas vezes maléficos, que costumam periodicamente incursionar na crosta do planeta interferindo na vida dos encarnados.

142
RELIGIÃO DO CORDEIRO

A Ordem de Rama, isto é, as regras e fundamentos da religião que estabeleceu na Índia e que se dizia a "Religião do Cordeiro", como já vimos, foi codificada nos Quatro Vedas, donde saíram o bramanismo e inúmeros outros cultos politeístas hindus.

Esta subordinação pode ser comprovada entre outras coisas, pelo seguinte:

1) A cronologia dos bramas, antiga religião hindu.

2) Os livros de Heródoto, historiador grego, que lhe atribuiu 8.600 a.C.

3) O zodíaco, criado por Rama, para documentar a cronologia do país e do mundo e que tem a mesma idade.

4) As tradições persas de Zoroastro.

Todos atestam a subordinação e sua expansão no Oriente.

143
OS ENVOLTÓRIOS FLUÍDICOS

Nos mundos mais adiantados, os Espíritos possuem domínio sobre seus corpos fluídicos e psíquicos que lhes servem de envoltório. Os Espíritos se mantêm em comunhão estreita com os poderes do Alto e assim os envoltórios representam proteção valiosa pela sua alta vibração e são intransponíveis para as interferências de fluidos e entidades malignas que tentem hostilizá-los.

O domínio exercido sobre os envoltórios permite aos Espíritos reação pronta a qualquer ação exterior perniciosa.

144
ORDEM E SIMETRIA

A maravilhosa ordem, simetria e disciplina de movimentos que se observa no firmamento em relação aos astros, é a mesma que se observa em todos os inumeráveis setores e detalhamentos da criação universal, e isto é assegurado pela inalterabilidade das leis divinas.

Cada coisa está no seu lugar certo e tudo sucede exatamente como é necessário, sem alterações ou imprevistos, o mesmo porém não se dando em relação às coisas feitas ou imaginadas pelos homens, que são sempre imperfeitas e falíveis.

Em cada planeta as condições de vida são aquelas que são próprias a todos os reinos da natureza e à vida dos seres, não podendo haver transplantações, intromissões, ajeitamentos, exceções.

Na Terra, pelo seu atraso evolutivo, é intensa a luta entre o bem e o mal, porque aqui é que estes valores morais são equacionados e se apresentam lutando por prevalecer, tudo afinal servindo para a edificação dos Espíritos em evolução.

À medida que a evolução se processa, esses valores são considerados como essenciais e fundamentais e sempre se encontram reunidos como diz um Instrutor neste trigrama:

Sofrimento – Trabalho – Progresso.

145
AS TAREFAS NA TERRA

Por ser a Terra um planeta sujeito a complexas interligações maléficas devido ao seu atraso evolutivo, são muito mais penosas as tarefas a desempenhar aqui pelos trabalhadores espirituais.

Além dessas dificuldades provenientes dos setores do mal, os benfeitores sofrem pressões e depressões psíquicas, provenientes da pesada e mortífera atmosfera que envolve o planeta, pairando sobre as cidades, os lares, os templos e contaminando tudo por toda parte.

A prece profunda que atinge os altos escalões dos planos espirituais e a comunhão o mais constante e estreita que for possível com Deus nosso Criador, com o Divino Mestre Jesus Cristo e com os seus mensageiros de amor, de paz e de paciente caridade, estes são recursos dos quais podemos todos nós lançar mão para auxiliarmos e colaborarmos nessas tarefas salvadoras.

146
CONDIÇÕES DE PROGRESSO

Para operar em nosso Espírito transformações íntimas que permitam ações mais positivas e benéficas no ambiente em que atuamos é necessário:

1) Maior compreensão da presença de Deus em nós e fora de nós, em tudo o quanto existe.

2) Decorrente dessa compreensão, a comunhão mais perfeita, real e permanente, que for possível com nosso Pai Criador.

3) Compreensão de que somos Espíritos encarnados e temos dois corpos de manifestação no meio ambiente (o perispírito e o corpo denso) e que devemos exercer dominação ou influência direta e constante sobre esses dois corpos, principalmente o denso, para mantê-los em boas condições de funcionamento, jamais nos deixando dominar por eles.

147
O EVANGELHO FALSO

Comunicação de João Evangelista divulgada pelo livro "Religiões Comparadas":

"Se ouvirdes dizer que o Evangelho de Jesus é a guerra, o derramamento de sangue, eu vos digo em verdade, que este é o Evangelho dos rancorosos e vingativos, mas não o de Jesus, que recomendou a seus discípulos, desprendimento.

Se vos disserem que o Evangelho de Jesus é o fausto, as riquezas, as comodidades, eu vos digo, em verdade, que esse é o Evangelho dos mercadores do templo, mas não o de Jesus, que recomendou a seus discípulos, desprendimento dos bens da Terra.

Se vos disserem que o Evangelho são as pancadas no peito, as formalidades e o culto externo, eu vos digo, em verdade, que esse é o evangelho falso, mas não o de Jesus, que recomendou o amor e a adoração a Deus em espírito e verdade.

Se vos disserem que o Evangelho é a resistência às leis e aos princípios que governam os povos, eu vos digo, que esse evangelho é o dos rebeldes ambiciosos, mas não o de Jesus, que mandou dar a César o que é de César e a Deus o que é de Deus.

E se vos disserem que o Evangelho é a intolerância, o anátema, as perseguições, a violência e o espírito de separação, em verdade eu vos digo, esse é o evangelho da soberba e da ira, mas não o de Jesus, que rogava a Deus por seus mortais inimigos."

148
PREDIÇÃO PERFEITA

Em uma de suas pregações Buda disse aos seus ouvintes que sua doutrina duraria 500 anos, até a vinda de outro Buda.

Esta data coincide aproximadamente com a vinda de Jesus na Palestina.

149
TRADUÇÃO TENDENCIOSA

Jesus nunca ensinou a existência de lugares onde as almas sofreriam eternamente. O termo mal traduzido de "Schol", (sepultura), por "inferno" é que generalizou o erro.

O certo é o que ensinou Paulo de Tarso na epístola a Timóteo 11:4 — Nosso Salvador quer que todos os homens sejam salvos e cheguem ao conhecimento da verdade eterna.

150
VERDADE IMUTÁVEL

Inscrição no templo egípcio de Saís, um dos mais antigos do Egito:

"Aqui se adora o Ser que é a causa de todos os outros, que encerra todos e do qual nenhum mortal jamais rasgou o véu."

Por onde quer que se vá e por mais recuado que seja o tempo, o que as iniciações verdadeiras ensinavam, era sempre a mesma verdade, transmitida ao mundo pelos missionários crísticos.

151
ADORAÇÃO COMUM

Jerusalém era até há pouco tempo a capital da terra cristã, maometana e judaica, venerada pelos judeus, pelos cristãos e respeitada pelos muçulmanos que durante muitos séculos administraram os templos cristãos, cobrando entrada e aluguel dos locais para reuniões e preces.

Sempre foram muito estreitas as relações entre árabes e judeus no sentido religioso e sua história muitas vezes se confundiu.

152
UNIDADE DE TRADIÇÃO

Os maometanos, que foram sempre considerados inimigos dos cristãos, na realidade não o são, porque esperam até hoje a vinda do Messias. Não aceitam Jesus como o Messias, mas o consideram um grande profeta.

O Alcorão tem muito da essência judaica cristã e seu ensinamento é baseado na religião de Abraão que, como se sabe, seguia a linha da tradição de Rama, Melquisedeque, Jacó e Davi.

Como os cristãos, os maometanos usam o rosário, pelo qual pronunciam os 99 nomes de Alá.

Dão aos pobres parte de sua renda e no dia de Bairan reconciliam-se com seus inimigos; rezam várias vezes por dia, não comem carne de porco e não bebem álcool, sendo assim muito mais religiosos e abstêmios que os demais crentes, seguidores do cristianismo.

Se não fossem eles existiriam os templos cristãos da Palestina?

153
CIÊNCIA E RELIGIÃO

A ciência e também o Espiritismo vêem o mundo material como energia condensada mas, enquanto a primeira se detém e imobiliza na pesquisa de fenômenos físicos, para descobrir as leis naturais sem passar daí, e prossegue ignorando o mundo espiritual, cada vez mais presente na vida humana, negando por fim a existência de Deus e do Espírito, o Espiritismo ensina que o mundo material é palco divino, destinado às experiências evolutivas dos homens encarnados nas suas rotas ascensionais.

Examinando a matéria, o cientista defronta a energia, que considera o agente de suas manifestações, enquanto que o Espiritismo ensina que ambos são elementos hábeis e caminho seguro para o regresso dos homens às esferas divinas de onde procedem, como átomos do pensamento da Divindade Criadora e Soberana.

154
TAREFA TRANSCENDENTE

O Espiritismo, entre outros benefícios que presta ao mundo, veio eliminar as superstições e a ignorância religiosa.

Sua participação em três setores do conhecimento, neste ponto foi proveitoso, sobretudo porque tirou da parte religiosa (a de maior interesse no momento evolutivo que vivemos) os mitos e fantasias que desfiguravam as verdades e o misticismo exagerado e obscurecedor.

Se está tendo êxito em sua missão geral, isso é tarefa de autoverificação e somente pode ser feita desapaixonadamente por nós próprios, que somos interessados nesse êxito.

E bom seria se pudéssemos sugerir a formação de um organismo competente e desinteressado para esse importante estudo antes que seja tarde para cada um de nós qualquer retificação de atitude, ou acrescentamento doutrinário esclarecedor.

155
ANTIMATÉRIA

Antimatéria é o sentido oponente, contrário, negativo, invisível de todo o mundo material. Quando pode impor-se e manifestar-se, a antimatéria tem ação violenta e destrói a matéria, com fulminante rapidez e sem deixar vestígios.

Tentando esclarecer, pode-se argumentar assim: É o visível, material, defrontando-se com invisível, imaterial; o pró e o contra, o positivo e o negativo.

O oposto a Deus, o criador e mantenedor do Bem e da Vida. No sentido religioso, será naturalmente o gênio do Mal, em todos os seus aspectos e manifestações.

Mas, no sentido físico, a antimatéria simplesmente destrói a matéria, elimina-a e é invencível, porque não se sabe como age; ataca de surpresa e de improviso, quando misteriosas circunstâncias e condições se põem uma frente à outra.

156
RESULTADOS DA CIVILIZAÇÃO

O mundo se rege por ação de leis preexistentes, emanadas de Deus e os acontecimentos sucedidos desde sua criação, independeram e continuam a independer da vontade e dos desejos dos homens, salvo o que se passa no seu mundo interno.

O Espiritismo, vindo ao mundo há pouco mais de um século tem, obviamente, como tarefa, o ser humano e não o mundo físico.

Nestes termos é de alto interesse saber o que tem acontecido durante as centenas de séculos da vida humana até esta data, sendo indispensável esse conhecimento para se poder julgar e compreender o homem atual, fruto desse longo aprendizado na sua formação espiritual e intelectual

.

157
BASES DE JULGAMENTO

Para melhor conhecer o ser humano devemos partir do estudo dos elementos-base, que devem ter estabilidade própria para despertarem confiança e servirem como pontos de partida ou elementos de comparação.

Se não encontramos esses elementos-base no Espiritismo científico, que não tem realmente tais condições, nem no filosófico, que padece da mesma insuficiência, encontramo-los no setor religioso, que é a base moral e inatacável da doutrina, porque possui estabilidade milenar e patrocínio de uma entidade espiritual de prestígio e autoridade cósmicos não humana, reconhecida e venerada por todos os mentores, instrutores e trabalhadores dos dois planos — Jesus Cristo.

A essa autoridade acrescente-se ainda o valor de ser o Divino Mestre também altamente considerado fora do Espiritismo, por todas as religiões e doutrinas espiritualistas existentes no globo.

Os ensinamentos dessa altíssima entidade, expostos no Evangelho Cristão (muito embora este contenha falhas conhecidas por interferências de interessados), indicam que nenhum progresso legítimo se pode obter, se não resultar de transformações morais que libertem o homem das inferioridades impeditivas do seu avançamento espiritual, altamente prejudicado nos dias atuais pelo surto científico, que visa mais que tudo, efeitos materiais efêmeros, alimentadores de paixões, e falhas morais retardadoras da evolução.

158
FALÊNCIA RELIGIOSA

Considerada a ineficácia da instrução humana na parte da vida moral, não será tão difícil executar a tarefa e cumprir a finalidade da Doutrina Espírita, que é a espiritualização da humanidade terrena em todos os seus aspectos e modalidades, porque o Espiritismo, encarado dentro das finalidades do setor religioso, oferece os meios dessa espiritualização pela evangelização pura e simples, em cursos e escolas adequados, já existentes e considerados altamente eficientes, pelo emprego metódico, objetivo e aprofundado da reforma íntima.

Se tal não se fizer é o caso de se perguntar como chegou o homem ao seu atual estado de conscientização de vida? Ineficácia das instruções religiosas, é a resposta. Quais as fontes em que bebeu os conhecimentos necessários? Condições religiosas adaptadas mais aos interesses humanos que divinos.

159
A MARCHA DA ESPIRITUALIDADE

Penetrando no passado humano e pesquisando sobre os fatos e circunstâncias que trouxeram o homem ao seu estado atual de insensibilidade religiosa e retardamento espiritual, convém saber o seguinte:

— Os homens primitivos viviam mais por instinto e era inexistente entre eles qualquer sentimento abstrato, tudo absorvido como era pelas necessidades imediatas de sobrevivência, sendo a sua religião unicamente as próprias forças da Natureza.

Mas, tomando por base o homem da Quarta Raça, na Atlântida, vemos que a conscientização religiosa já se manifestava com realidade.

Nesse continente, há muitos milênios, encarnaram missionários Crísticos que ali estabeleceram as bases desse conhecimento religioso.

Com o sacrifício destes missionários e o afundamento do continente, os conhecimentos foram transferidos para o continente europeu, levados pelos sobreviventes que emigraram, parte para o norte, na região mais tarde congelada do polo norte e parte para o sul através da Grécia pré-histórica.

A parte que entrou pelo norte, com o congelamento do solo, desceu para o centro da Europa, formando o povo celta e logo depois, sob a condução do patriarca Rama, locomoveu-se para o oriente em duas colunas, que conquistaram o Indostão e regiões vizinhas.

Nessa enorme movimentação esse povo, denominado mais tarde "Árias", porque seu estandarte representava um carneiro, símbolo de paz e de fraternidade, foi deixando pelos lugares por onde passava os fundamentos do culto religioso que professava e que na Índia foi codificado nos Vedas, cuja antiguidade é considerável, tornando-se centro da irradiação de conhecimentos espirituais que mais tarde se expandiram por todo o ocidente.

Doutra parte o conhecimento espiritual mais elevado, ensinado pelos missionários é o mesmo que atravessou os séculos e serviu de base à iniciação das elites espirituais do mundo.

Esses conhecimentos foram desprezados e substituídos por religiões politeístas e dogmáticas que até hoje existem. Essa é uma das razões mais fortes para esse desinteresse geral.

160
PATRIARCADO HEBREU

Na história do povo hebreu, que deve interessar aos espíritas, por ser aquele no seio do qual encarnou Jesus em sua nona e última manifestação na Terra, a encerrar-se no transcurso deste século, encontramos um elemento esclarecedor sobre a influência religiosa da Índia védica na evolução espiritual da Ásia Menor ou melhor dizendo, dos hebreus e egípcios anteriores a Moisés.

Diz o Velho Testamento que havendo o patriarca Abraão (que viveu 2.300 anos a.C.), sacerdote habitante da cidade de Ur Scande, na Caldéia, condenado a decadência religiosa da Babilônia, onde nascera, da qual era sacerdote, emigrou com sua tribo para Canaã, chegando a Salem, onde encontrou-se com Melquisedeque (sacerdote da Ordem de Rama, da Índia) a quem reverenciou e pagou tributos.

Este ato significa que o patriarca considerou Melquisedeque autoridade religiosa superior à sua e ao qual devia obediência.

Isto prova:

1) que Abraão era caldeu babilônio e pertencia à Ordem de Rama, obedecendo ao culto védico;

2) que esse culto era seguido também em Canaã e no Egito, para onde o mesmo sacerdote Abraão seguiu e onde deixou sementes do futuro culto solar de Amon-Ra que vamos encontrar dominando a nação daí para diante.

161
A AÇÃO DE RAMA

Após conquistar o Indostão, região que compreendia os atuais países da Índia, Ceilão, Bangladesh e Paquistão, expulsando os povos negros que ali habitavam e que descendiam da antiga Lemúria (submergida há muitos milênios), Rama reorganizou o país e sua vida religiosa, estabelecendo para o povo o culto atlante do deus solar, cujas sementes havia lançado por onde passaram as duas colunas dos árias, que comandou na sua retirada do centro da Europa.

162
DESTINO DOS ESPÍRITOS EXPURGADOS

Em relação à Terra existem planetas de vida primitiva, aguardando o selecionamento periódico da humanidade para receberem em seu solo os Espíritos considerados incompatíveis com a nova ordem social e moral a estabelecer-se no Terceiro Milênio cristão.

Nesses planetas os terrícolas expurgados terão oportunidade de viver com mais desembaraço, considerando que seus sentimentos ainda retardados e primários, insensíveis aos ensinamentos de Jesus, podem entretanto prestar serviço de orientação, direção e comando à humanidade que ali se formar.

O expurgo de Espíritos não compatíveis com a nova humanidade terrena é normalmente executado sob vistas dos Espíritos de Justiça, dentre os quais se incluem alguns dos auxiliares de Jesus na sua última encarnação redentora.

163
CRONOLOGIA

Ao tempo de Alexandre da Macedônia, 336 a.C., a cronologia hindu era calculada em 86 séculos, isto é, 8.600 anos.

O nome "árias" — carneiro — mostra que naqueles recuados tempos a influência de Rama na vida espiritual do mundo de então era considerável.

Arianos são considerados hoje os povos hindus, persas, frígios, germânicos, gregos, ítalos e celtas.

Em nossos próprios dias o sonho hitleriano de dominação do mundo teve base na supremacia dos alemães germanos — considerado povo ariano, sobre todos os demais; e o povo judeu, considerado inferior desde a proscrição social feita pelo papa Inocêncio III, deveria ser exterminado para que a nação alemã não se contaminasse.

164
INTERFERÊNCIA DO ESPÍRITO

A capacidade de interferência do Espírito sobre o organismo é inegável e importante e se estende obviamente ao setor psíquico. É sabido que o pensamento humano projetado sobre um órgão físico ou psíquico, num determinado sentido positivo ou negativo, pode produzir alterações funcionais de maior ou menor importância, segundo a intensidade dessa projeção.

É tão importante essa interferência espiritual que existem adágios em todas as línguas chamando a atenção das pessoas para o perigo que ela representa, quando sistemática. Uma frase é grandemente expressiva e diz: naquilo que pensas nisso te converterás.

Fugindo de superstições e de exageros, podemos afirmar que as células do nosso corpo orgânico são sensíveis e obedecem positivamente às ordens ou pedidos que lhes fizermos, num tempo tanto mais rápido quanto mais habituados estivermos a utilizar esse recurso com o indispensável critério, na conservação do corpo e no seu regular funcionamento ou ainda, na atenuação de sofrimentos físicos que não ultrapassem os limites de uma média razoável de resistência.

165
INFLUÊNCIA DAS GLÂNDULAS

Nos tratamentos espirituais é sempre conveniente considerar a ação das glândulas e de suas interferências nos diferentes casos.

Há todavia dificuldades a serem vencidas, para que os atendimentos sejam eficientes e responsáveis:

1) O operador conhecer bem a anatomia do corpo humano.

2) A situação das finalidades e os limites de ação de cada glândula no conjunto orgânico.

3) As repercussões das funções de umas sobre as outras, coisa que não é fácil determinar.

Simplesmente para focalizar o assunto, como dissemos na nota anterior, apresentaremos mais adiante o quadro das glândulas e suas respectivas finalidades.

166
O SEGUNDO CÉU

Nos desdobramentos, ultrapassadas as primeiras esferas e subindo sempre, penetra-se no chamado segundo céu, muito mais amplo e perfeito, onde existem Espíritos da mais alta hierarquia denominados "Muralhas", que comportam as seguintes divisões, cada uma delas representando setores especiais de atividades protetoras: Vigias Potenciais, Arautos, Colunas, Aquilones, Flexas e Raios.

São Espíritos da classe dos arcanjos, que manejam correntes magnéticas e eletrorradiantes de incrível poder, com as quais influem fundamentalmente na vida dos globos onde atuam, motivo pelo qual são também conhecidos como Senhores dos Elementos.

Defendem as humanidades em estado de progresso, protegendo-as das correntes de destruição.

Eis como um médium desdobrado descreve com mais detalhes esse segundo céu:

"Ao escalar alturas sucessivas até atingir o segundo céu, habitado por Espíritos chamados "Muralhas", foi tal meu aturdimento que após o regresso, durante dez dias, permaneceu meu corpo físico imobilizado, muda a minha língua, cerrados meus ouvidos e cegos meus olhos."

Eis como o mesmo trabalhador descreve um pequeno ângulo do que viu nessa incursão: "Passados estes dez dias pude descrever a magnificência estonteante daquela visão. Vi sete avenidas circulares concêntricas, ostentando enormes árvores luminosas, cobertas de flores das mais diversas cores, que balançavam, em vaivém amplo e ondulante, produzindo imensa e suavíssima ressonância harmoniosa e, por essas avenidas, transitavam os formosíssimos seres que formam essa classe de Espíritos".

"Disseram-me que nesse segundo céu, guarda-se o Livro das Idades, contendo a história de civilizações mortas e das vidas sucessivas dos homens pertencentes aos diferentes sistemas planetários."

167
O ANDRÓGINO

É crença corrente entre os estudiosos de doutrinas espiritualistas que o homem é um andrógino, isto é, participa ou possui em si mesmo as duas tendências, masculina e feminina.

Essa flexibilidade ou intercorrência de impulsos sexuais diferentes no mesmo ser, segundo alegam muitos, é que dá origem atualmente ao generalizado homossexualismo.

O Espiritismo, a seu turno, esclarece que para o espírito não há sexo organizado; que este somente se manifesta nos seres encarnados pela necessidade da reprodução; e que esse processo de reprodução varia segundo o planeta em que o Espírito evolui.

O estudo das glândulas comprova claramente a primeira destas três considerações.

168
FORMAÇÃO DA QUINTA RAÇA

Na sua incrível marcha do centro da Europa para a conquista da Índia, os celtas que formaram a Quinta Raça, da qual fazemos parte, fizeram o seguinte trajeto: uma coluna, partindo dos acampamentos no território hoje francês, seguiu para leste até o Cáucaso, passando entre os mares internos, Negro e Cáspio e, atravessando o Irã, desceu para o atual Paquistão, penetrando na Índia pelo norte. Outra coluna desviou-se para a península arábica, penetrando no Egito, onde semeou os conhecimentos atlantes de adoração do Sol que foram a base da organização do politeísmo egípcio sob os deuses Amon-Ra.

Esses emigrantes do Egito prosseguiram até a Mauritânia e também se foram espraiando até a Mesopotâmia, onde se encontraram com os povos que seguiam a orientação de Rama no oriente.

E, assim, as duas hastes da pinça se fecharam nesta última região da Mesopotâmia, após semearem os conhecimentos atlantes por uma larga extensão do solo do globo.

169
DEPRESSÕES

A atividade cerebral e os hormônios da hipófise denominados "estimulina" influem sobre todo o conjunto glandular e nas reações viscerais subordinadas ao vago e ao simpático.

O excesso de atividade cerebral produz o estresse, moléstia moderna que pode ser combatida com a supressão das causas determinantes e com repouso e derivações mentais, das quais as mais salutares são os trabalhos manuais, os esportes leves e os passeios atraentes.

Livre a mente do acúmulo das solicitações internas e externas dos esforços intelectuais ligados ao trabalho e aos hábitos sociais, o cérebro descansa, elimina a intoxicação inibitória e, por fim, a depressão desaparece.

170
GLÂNDULAS E SEXO

O organismo humano possui seu potencial de tendências masculinas e femininas (impulsos), segundo as predominâncias glandulares.

A preponderância masculina é dada pelos testículos, onde se encontram as células de reprodução e pelo desenvolvimento normal do lóbulo anterior da hipófise, também chamada pituitária; e a feminina pelos ovários e o lóbulo posterior dessa glândula.

171
EVANGELIZAÇÃO

O sistema que propusemos em 1950 para evangelização compulsória dos adeptos do Espiritismo, vem sendo aceito pela maioria, com poucas restrições por uns e discutido por outros, em ambos os casos por tratar-se de pessoas que na realidade não estão interessadas em melhorar suas condições espirituais de forma decisiva, sem alteração de seus hábitos e comodidades.

As restrições baseiam-se no fato de que a evangelização pode ser feita de outra forma — o que é óbvio — desde que seja, porém, positivada com fatos e dê os resultados necessários, isto é, que se opere nos indivíduos as transformações morais necessárias à purificação do Espírito e do corpo físico, como ocorre no processo referido e em vigor em muitas partes.

Os milhares de aderentes que passaram pelas escolas desse tipo denominadas Escola de Aprendizes do Evangelho, sabem disso, dão testemunho de sua eficiência, atestam seu integral valor iniciático.

Aliás, esta é a vantagem do livre-arbítrio: cada qual age como quer e colhe os frutos do que semeia, e Jesus mesmo afirmou que a cada um seria dado segundo suas obras.

Doutra parte, aí está o mundo carente urgentemente de evangelização para se poder enfrentar a decadência moral generalizada, o materialismo triunfante que está levando a humanidade para abismos insondáveis e o avanço espetacular das seitas utilitárias.

172
IMPORTÂNCIA DAS GLÂNDULAS

Devido sua importância sobre os organismos psicofísicos daremos alguns detalhes sobre glândulas em geral.

Não só pelos chacras, mas também pelas glândulas, o Espírito encarnado, através da mente, exerce controle e ação direcional sobre o corpo orgânico e o psíquico (é o próprio sistema vegetativo).

As glândulas são munidas de energias construtivas, por intermédio das quais desenvolvemos nossas atividades normais orgânicas. Os hormônios que segregam é que mantêm e regulam esses poderes nos setores psíquicos e físicos do homem encarnado.

Suas atividades não podem ser delimitadas com segurança porque comumente se misturam ou se confundem, ou se sobrepõem.

173
UNIDADE FUNCIONAL

A ciência já surpreendeu algumas manifestações das glândulas, porém ignora qual o fator ou os fatores que exercem influência sobre elas para que funcionem, como o fazem, de forma tão positiva, apropriada e dinâmica, produzindo hormônios poderosos indispensáveis a regularidade da vida do corpo humano.

Mas os espiritualistas sabem que o fator que age sobre elas é o mesmo que age sobre todo o conjunto orgânico a saber: o Espírito encarnado, cuja presença assegura o funcionamento geral de todo o organismo e cujo afastamento pelo desencarne, produz a cessação total das atividades.

O Espírito age sobre o corpo físico através da mente, área de encontro, centro receptor-transmissor da sua vontade e dos impulsos e impressões vindos do ambiente exterior.

174
HIPÓFISE

Base do cérebro, detrás da base do nariz, na "Sela Turca". A mais importante no desenvolvimento do corpo físico. Regula as energias em geral, crescimento de ossos e músculos, secreção láctea, teor de sal e açúcar no sangue, equilíbrio, sexo, reprodução e sono. Excesso de sua atividade dá pressão alta, hipersexualidade, dinamismo; redução de função dá languidez, sonolência, inércia geral, depressão.

175
EPÍFISE

No centro do cérebro. Seu tamanho é diminuto, correspondendo a um grão de ervilha. Elemento de ligação com o Plano Espiritual. Ponto sensível da intervenção espiritual na vida anímica do homem encarnado; influência sobre o desenvolvimento mediúnico. Possui uma aura, uma concreção dourada em torno, que ostenta os sete matizes das cores básicas. Essa aura não existe nas crianças antes dos sete anos (normalmente), nem nos velhos decrépitos e nos idiotas, o que prova que esta glândula está ligada à vida mental dos seres humanos.

É o órgão principal da espiritualização e da consciência das coisas, tanto internas como externas.

176
TIREÓIDE E PARATIREÓIDE

Situadas na garganta, logo abaixo do chamado "pomo-de-adão".

Regulam o crescimento, a sustentação dos tecidos que protegem a pele, cabelos, mucosas, nervos. Influem sobre o sexo, concepção e sobre as formas orgânicas. Seu excesso resulta em cretinismo.

177
TIMO

No peito, abaixo da tireóide. Ligados às atividades normais até a puberdade, decaindo em seguida. Inibe as atividades do sexo, que outras glândulas regulam e, quando isso não ocorre, surgem as perversões sexuais. Se continua a funcionar no adulto, cria anormalidades sérias como infantilismo e retardamentos, corrigíveis muitas vezes pelas outras glândulas.

Quando esta glândula efêmera impede o desenvolvimento normal dos órgãos do sexo, em certos casos a tendência feminina do homem leva-o a aproximar-se de homens e a tendência masculina das mulheres leva-as a se aproximarem de mulheres, ocorrendo então as anomalias condenáveis do homossexualismo.

178
PÂNCREAS

Metabolismo do açúcar e do processo digestivo. Glândula de função complexa pelos muitos hormônios ou enzimas que segrega.

Nas suas irregularidades a medicina encontra dificuldades em agir, porque não existe medicação específica e a cirurgia, até o presente, não oferece segurança operatória. No momento está sendo estudado o transplante do órgão.

179
BAÇO

À esquerda e atrás do estômago. Suas finalidades são: destruição final dos glóbulos vermelhos degenerados ou mortos no sangue. Acumula reservas de sangue para suprir o organismo nos casos de hemorragias, excitações, esforço físico. Reprodução de glóbulos brancos encarregados da defesa contra agentes invasores.

180
FÍGADO

Concentração, distribuição de alimentos a entrar no sangue. Secreção da bílis, desintoxicação do organismo, armazenamento de alimentos (gorduras, proteínas, minerais, vitaminas). Regulagem do volume de sangue na circulação.

181
RINS

Segrega ácido úrico, amoníaco e outros produtos a eliminar pela urina. Poderoso emunctório necessário à desintoxicação orgânica.

182
SUPRA-RENAIS

Situadas sobre os rins. Regulam a circulação das energias e os movimentos internos, inclusive a respiração.

Sua produção em excesso eleva a tensão corporal e sua deficiência redunda em depressões, moléstias cardíacas, diabetes. Profundamente sensíveis às emoções.

183
SEMINAIS

Produção dos germes masculinos da reprodução.

184
ESCOLA DE APRENDIZES DO EVANGELHO

Em alguns casos de não compreensão de finalidades, ocorrem restrições às matrículas nesta escola e na consequente integração na Fraternidade dos Discípulos de Jesus.

O sistema foi oferecido como poderoso elemento no campo coletivo, para a elevação moral dos adeptos da Doutrina Espírita e outros interessados e não deve sofrer restrições.

Foi organizado e oferecido para atender ao ponto máximo do ensinamento cristão, das transformações morais dos seguidores de Jesus e para que a Doutrina possa enfrentar a situação difícil e que dia a dia se torna mais crítica, com a rebeldia generalizada e popular no mundo, sobretudo dos jovens, pela má orientação religiosa recebida. Porque mesmo no Espiritismo, não basta a assistência material e os atendimentos de doentes, como contribuição na parte religiosa, porque isto todos fazem, até mesmo os materialistas.

Se o sistema de evangelização proposto for aplicado de conformidade com as regras e os princípios estabelecidos desde a criação da Escola, em 1950, a difusão do Evangelho será hoje muito mais ampla e profunda e muito melhor se colocará a Doutrina ante a projeção popular de outras linhas sectárias que estão se sobrepondo e se tornando influentes por todo o país como é de conhecimento geral.

Nesta hora em que essas correntes de atividades paralelas tomam dianteira, assumem liderança e tentam sobrepor-se à Doutrina na orientação religiosa do povo, utilizando muitas vezes seu próprio nome, a evangelização feita com todo rigor e amplitude seria a resposta adequada, eficiente e de resultados positivos, porque neste terreno não há substituições possíveis.

185
CONHECIMENTO DE DEUS

A busca empreendida pelo conhecimento das verdades espirituais termina pela compreensão de que a verdade maior é o próprio Deus Criador, manifestado em tudo e presente em tudo e por toda parte, no céu e na terra.

Mas sobre o Deus Criador, eterno e invisível, este é conhecimento que só poderá ser obtido nos graus mais elevados da evolução, quando o mundo material há muito tempo já tenha deixado de existir para o Espírito libertado das reencarnações punitivas.

Mas desde já, buscando a comunhão constante com Deus, pela prece e pela evangelização e obras, amando a Deus sobre todas as coisas e ao próximo como a si mesmo, muitos véus irão sendo desvelados ante os olhos maravilhados daqueles que buscam esse conhecimento maior, porque Deus é amor e somente pelo amor pode ser encontrado.

186
JESUS É O CAMINHO

Jesus dizendo, no Sermão do Monte que o Pai dá aos simples o que nega aos sábios, isto quer dizer que, para o homem comum, basta esta concepção, esta fé, esta ideia de paternidade e de justiça, que os sábios em geral não aceitam e por isso permanecem quase sempre nas sombras do materialismo estéril, conquanto possam, com o tempo, aproximar-se dela pelos caminhos da dor.

Jesus também dizendo que era o caminho, a verdade e a vida, e que ninguém iria ao Pai senão por Ele, deu-se aos homens como um penhor e um roteiro; fez-se a eles como uma luz orientadora, preenchendo a enorme lacuna da incapacidade, de não se poder compreender a Deus senão pela fé.

Fazendo-se caminho, verdade e vida, Ele fez-se como um marco limite no conhecimento de Deus, compatível com a mentalidade e os sentimentos humanos, neste nosso ainda retardado estado evolutivo, e neste caso, cresce de vulto enormemente sua condição de Cristo, diretor espiritual do nosso planeta e guia supremo da humanidade.

187
CONHECIMENTO DE JESUS

Em relação a Jesus pessoalmente falando, o que verdadeiramente se sabe sobre sua condição, antecedentes e hierarquia? Nada se pode afirmar, porque não há documentação positiva, a não ser o Novo Testamento; mas para os espíritas existem as revelações mediúnicas que, aliás, são consideráveis e vindas de muitas partes, cada uma delas oferecendo substanciais minúcias e revelações.

Para as religiões dogmáticas originadas no Cristianismo Primitivo, Jesus é o Cristo que entra na Trindade como Deus Filho.

Para as religiões e filosofias orientais, Jesus é um iniciado de alta categoria; para os muçulmanos em geral, é um poderoso profeta; para os israelitas, foi um rabi agitador que divergiu da religião nacional estabelecida pelo Sinédrio, dizendo-se Messias, mesmo quando não aceito e perseguido; para os materialistas e céticos é um renovador social de alto mérito, um revolucionário pacífico que pregou a paz, a humildade e o amor.

Mas, para todos nós, discípulos que o amamos é o Mestre Divino que nos conduz pelo coração para Seu Reino eterno de luz e de amor.

188
FILHO UNIGÊNITO

Para os espíritas Jesus é o irmão maior, que ascendeu à esfera Crística, diretor espiritual do planeta e redentor da humanidade, mas não Deus — o Criador Único e Eterno de tudo o quanto existe; é o irmão maior de altíssima hierarquia espiritual, que ajuda e encaminha a todos para uma vida melhor, mais perfeita, após a morte física e que, como os demais, fez sua trajetória evolutiva até chegar a ser o que é.

Mas isso não contraria o Evangelho de João quando diz que Jesus é o filho unigênito de Deus, o Verbo de Deus que fez o quanto existe?

Contraria na parte que diz que é o "unigênito" — único gerado — face ao conhecimento segundo o qual há outros Espíritos Crísticos, dirigentes de mundos, como Jesus.

Mas, não contraria se a expressão quer dizer que ele foi o único indicado desde o princípio para o governo deste globo Terra, cuja vida organizou e de cuja humanidade fez-se redentor, caso em que o conhecimento, segundo o qual houve encarnações crísticas diferentes, em épocas diferentes, fica modificado para este outro **de ter sido ele sempre o mesmo Espírito que encarnou no mundo, em várias épocas, com nomes diferentes e em lugares diferentes, mas sempre com a mesma finalidade redentora**.

189
MONOTEÍSMO

Moisés recebeu a Lei do Sinai (os Dez Mandamentos) referindo-se a um só Deus, ao qual todas as adorações seriam devidas; e essa foi a primeira religião verdadeiramente monoteísta.

O Cristianismo Primitivo manteve esse culto do Deus único até o século III quando, então, o clero organizado sob o título de católico apostólico romano, estabeleceu a Trindade criando assim um deus trino, a exemplo de várias outras religiões existentes.

No século VII, Maomé fundou o islamismo, com um só Deus — Alá, de sorte que na atualidade, religiões monoteístas são quatro, a saber: o judaísmo, criado por Moisés em 1.400 a.C.; o budismo, criado por Buda na Índia no século VI a.C.: o islamismo criado por Maomé na

Arábia à mesma época; e a nosso ver o Espiritismo codificado na França por Kardec, em meados do século XIX.

190
TESTEMUNHO DE JESUS

As comunicações mediúnicas mais credenciadas dão Jesus de Nazaré como o próprio Cristo Planetário, redentor desta humanidade, pela qual se ofereceu em holocausto, para que esta, após sua morte e em obediência aos seus ensinamentos e exemplificações, todos com base no amor a Deus e aos semelhantes, se reabilitasse dos erros anteriores e penetrasse definitivamente no caminho do Bem, rumo ao reino espiritual onde o amor, a paz e a felicidade imperam para sempre.

Mas, após quase dois mil anos, prazo marcado para o futuro "julgamento", o Evangelho do Divino Mestre ainda não penetrou fundo no coração do mundo.

Haverá ainda tempo para que isso suceda, com a terrível e devastadora avançada das forças das trevas?

Haverá, sem dúvida alguma, se os homens se evangelizarem.

191
ÓRGÃOS DO SEXO

Além da função sexual propriamente dita, os órgãos do sexo segregam, no homem e na mulher, substâncias vitalizadoras que dão masculinidade no homem e feminilidade na mulher.

Sua eliminação acidental ou operatória, reduz a vitalidade, o dinamismo e, até certo ponto, altera as características de cada sexo, além de produzir amolecimento ósseo e outras anormalidades anatômicas e funcionais.

O sexo não é somente relação corporal, mas inúmeras outras atividades construtivas do campo psicofísico.

192
DURANTE O SONO

Enquanto dorme seu corpo físico, Espíritos que possuem tarefas de vulto a executar no campo coletivo, juntam-se a seus guias e companheiros para a efetivação de trabalhos de emergência nas diferentes esferas do Plano Espiritual, ou de missões de auxílio aos semelhantes em locais predeterminados, ou ainda, visitas de instrução, estudos e trabalhos que interessam a sua própria evolução.

Para essas tarefas contam sempre com o auxílio de entidades de maior hierarquia, que intervêm para que seu trabalho resulte benéfico aos fins visados; e há estreita solidariedade entre Espíritos de diferentes categorias que permutam auxílios em benefício da coletividade.

Em ponto pequeno poderemos comprovar estas verdades — porque é comum nos encontrarmos durante o sono com trabalhadores pertencentes a grupos diferentes, que se unem para execução dessas tarefas, estudos e solução de compromissos. Muita coisa que não pode ser realizada no trabalho do dia é feita durante o sono, muito embora pouco se guarde na lembrança sobre o que foi feito, por causa do choque da reentrada do Espírito no corpo de carne.

Muitas são também as transformações súbitas e surpreendentes que se dão na conduta moral de pessoas durante o sono e que, ao acordar, se mostram mudadas, diferentes no pensar e no agir. É que passaram por algum desses encontros benéficos, durante o qual seus olhos se abriram e suas mentes se iluminaram com verdades desconhecidas e claridades novas; ou sofreram seus corações espirituais emoções que os levaram a essas mudanças reveladas após o acordar.

193
TERCEIRO CÉU

Nas revelações feitas sobre os diferentes céus do mundo espiritual, outros trabalhadores trazem seu testemunho dizendo:

"O terceiro céu é habitado por entidades denominadas Esplendores e Vitórias, que trabalham juntas, mas desenvolvem atividades de teor diferente; as primeiras são atividades masculinas e as segundas, atividades femininas.

Do oceano imenso de energia cósmica essas entidades colhem e manipulam porções, delas formando flores, animais, envoltórios humanos, etc., realizando programas emanados de poderes mais altos; essas formas se materializam nos globos de evolução primária."

194
INICIAÇÃO ESPIRITUAL

Na iniciação espiritual que, à falta de instrutores, é feita a custo de experiências pessoais dolorosas que a própria vida oferece a todo instante, a passagem de uma para outra é progressiva e resume-se na conscientização de valores maiores, como por exemplo, a distinção entre o bem e o mal, o certo e o errado, o que é melhor e o que é pior para o próprio ser que os anota; um pouco mais adiante surgem as experiências sobre os direitos próprios e dos semelhantes, o dever de auxiliar os outros para ser também auxiliado nas suas necessidades, os cuidados da família organizada segundo leis e costumes aceitos e respeitados pela comunidade, etc.

Estes são conhecimentos preliminares e gerais. Em um grau mais avançado já surgem as conquistas de virtudes morais que enobrecem o ser humano, dignificam a vida; e o devotamento às necessidades dos semelhantes nos termos de códigos religiosos de maior expressão, baseados no "amai-vos uns aos outros e a Deus sobre todas as coisas".

Tudo isso forma a iniciação natural que aproxima os homens de Deus pelo exercício do amor.

195
O TRANSITÓRIO E O ETERNO

"Qual a diferença entre uma estrela que fulge no firmamento e uma alma que sofre, pensa e evolui presa aos mundos materiais?"

É a seguinte a diferença: ambas são criações de Deus e ambas seguem seu destino; a estrela amadurece e morre, após haver oferecido moradia a milhões de seres, que no seu seio evoluíram, desfazendo-se em pó e novamente concorrendo à formação de novas nebulosas e astros; enquanto que a alma é eterna em si mesma e, quando atinge um ponto alto de sua evolução, cria estrelas e concorre a formar novos mundos, como colaboradora da obra de Deus; a estrela vive o seu destino de iluminar no firmamento a morada dos seres vivos, mas a alma ilumina muito mais que ela, porque, quando evoluída, esclarece e orienta aos seus semelhantes; ilumina também o mundo e possui ainda imensos poderes de sentir, pensar e amar, que a estrela não possui e que são atributos divinos, de eterna duração.

196
FORÇA VITAL

A força cósmica, força vital, essência divina, pode ser atraída e possuída pelos seres humanos mais avançados no caminho das realizações espirituais e está ao dispor da inteligência humana, quando estabelece comunhão estreita e pura com Deus o Criador "e pedem-na, como justa compensação do esforço realizado para pôr-se em contato com ela".

Certamente que tudo é possível no estabelecimento desse sagrado contato, desde que nos movimentemos unicamente no sentido do bem e do serviço aos semelhantes.

197
CAPACIDADE MENTAL

Nas pessoas cuja evolução retardou-se por desvios ou negligências, a área da mente (no perispírito) é também restrita, por falta de exercitamento, não permitindo ao Espírito maiores desdobramentos e amplitude de atividades nesse campo.

Essas pessoas têm dificuldades de compreender, analisar e discernir, sendo consideradas obtusas, estúpidas, retardadas, ou no mínimo, pouco inteligentes, casos declaradamente descartáveis para a recém-formada medicina psiquiátrica, a seu turno, ainda também claudicante, por refugar o elemento fundamental das soluções que é o Espírito encarnado.

Mas as melhorias virão com o passar do tempo pela sucessão das experiências que a própria vida proporciona ao Espírito, no contato frequente com as bondades e as maldades do mundo ambiente.

198
PROFECIAS ATUAIS

O ciclo evolutivo atual está a terminar e o ano 2000 representa a abertura de um outro mais avançado, em que na Terra, uma humanidade mais evoluída viverá nos termos do Evangelho de Jesus, sem violência, ódios, guerras, mas fraternalmente amando-se uns aos outros.

Segundo profecias, a próxima década de 1980 será assinalada por acontecimentos dolorosos que castigarão o povo terrestre por toda parte.

A partir de 1981 haverá aumento exagerado de calor, carência de chuvas, secas terríveis, escassez de alimentos, fome e penúria para milhões de seres; o ano 84 será um pico inicial dessas dificuldades mundiais, que irão crescendo de vulto até o final do século, sendo certo, todavia, que após o transcurso do século, à entrada do Terceiro Milênio, a vida na Terra será menos sacrificada. Os efeitos da transição ainda se estenderão alguns anos após, com os trabalhos de reconstrução do globo semidestruído; mas o peso das dificuldades diminuirá rapidamente e a vida será então mais feliz e espiritualmente mais perfeita.

199
A TEORIA DOS EGOS

As doutrinas espiritualistas frequentemente se referem à existência do Ego.

Essa teoria é quase sempre nebulosa e o Espiritismo não cuida do assunto, bastando que se saiba que o Espírito evolui utilizando seu livre-arbítrio e tem como normas seguras de ação o Evangelho do Divino Mestre Jesus Cristo; somente para efeito de cultura doutrinária incluímos aqui este assunto.

Há inúmeros mundos cada qual com as condições que lhes são próprias, assim como há Espíritos que com fidelidade seguem as rotas que lhes foram marcadas pela Divindade Criadora.

Isto é simples e bastaria, se não fora o desejo sempre presente de conhecer mais e sempre mais, as leis de Deus.

A teoria dos Egos não tem ainda campo de compreensão no ocidente, onde o Espiritismo semeia verdades menos complexas, mais simples e acessíveis.

Mas pode-se dizer que há realmente uma duplicata de consciência individual; a do ser encarnado que utiliza uma mente menor reduzida, às necessidades das tarefas que deve executar e outra muito maior, que abarca todas as vidas pregressas do indivíduo e aguarda estágios e condições de evolução mais adiantadas para que possam fundir-se, em caráter definitivo, nos planos superiores da vida espiritual.

Quando se aproximam uma da outra, no sono ou no estado de transe espontâneo ou provocado, surgem visões rápidas de acontecimentos não habituais e quando se distanciam na vigília da vida encarnada comum, a lei do esquecimento se interpõe e tudo prossegue na forma traçada anteriormente sem lembranças do passado.

200
UNIDADE DE FORÇAS

Somente duas classes sociais, até há uns 30 anos mantinham-se unidas, coesas: a militar e a sacerdotal.

A disciplina rígida, única, da primeira, unia seus membros como ainda se conserva até hoje, inalterável, no mundo inteiro; e o interesse da dominação e da sobrevivência mantinha unida e solidária a segunda que, entretanto, se apresenta hoje de certa forma afetada pela indiferença do povo, pelos descobrimentos científicos e pelos esclarecimentos espirituais adquiridos.

O regime militar permaneceu inalterável por duas principais razões:

1) O aumento constante da inquietação do mundo, a insegurança e o crescimento da criminalidade, que os veículos modernos de comunicação desencadearam.

2) O recrudescimento do nacionalismo e do espírito de liberdade, que as ideologias revolucionárias fomentaram e obrigaram os povos a se aparelhar mais poderosamente em defesa própria.

201
A MORTE FÍSICA

Todos sabemos que morte não existe, mas sim ressurreição em outro plano de vida mais ou menos espiritual, ou menos denso e sem as inibições do corpo de carne.

Cessada a respiração, morre o coração, cessam os batimentos e morre também o cérebro por falta de oxigênio, em curto prazo.

Prosseguindo o processo vão morrendo, em seguida, os órgãos internos, num espaço de tempo que não vai além de 2 a 3 dias.

Logo no início desse período a consciência já desaparecera e os Espíritos encarregados dessa tarefa comparecem e cortam o cordão de prata de ligação da mente com o corpo denso, com o que se remata o fenômeno da chamada morte física.

Quando o processo se inicia, uma fraca névoa esbranquiçada se forma sobre o corpo e vai aos poucos se condensando à medida que o processo da morte progride e, tomando a forma do corpo sobre o qual flutua horizontalmente.

Enquanto isso o perispírito vai se desprendendo, afinando e afastando até que se desliga definitivamente.

202
DIÁLOGO

Dois confrades conversavam. Vamos ouvi-los:

— Essa escola de aprendizes pela qual você tanto se bate, dizia um deles, é assim de tanto valor para o Espiritismo?

— Sem a menor dúvida.

— Mas há necessidade de tanto rigor para ensinar o Evangelho?

— Essa escola não existe para ensinar o Evangelho, mas para ajudar a vivê-lo, o que é muito diferente, ou mais importante.

— Mas esse rigor que ali existe não afasta a maioria dos interessados?

— Não afasta; simplesmente não atrai essa maioria.

— Mas, então, não é bom meio de propaganda da Doutrina.

— Engano seu. Ela não atrai a maioria que não tem predileção pelo setor religioso da Doutrina, mas prefere os outros dois setores existentes, o que é natural que aconteça; mas atrai todos aqueles que preferem esse setor religioso e desejam dedicar-se a ele, vivê-lo e exemplificá-lo para evoluírem mais depressa. Só isso.

— Uma escola de líderes?

— Novo engano seu; ela esclarece a maior parte no sentido teórico que existe nos seus programas e edifica a minoria mais amadurecida, com realizações espirituais mais amplas e profundas; em última análise, ela forma trabalhadores evangelizados.

— Mas os espíritas, em geral, não são trabalhadores também?

— Se forem, serão, porém não nas condições mais aperfeiçoadas que a escola consegue formar, dedicamos a vivência do evangelho em espírito e verdade, isto é, com todo o rigor das testemunhações e das exemplificações no campo doméstico e social.

— Os espíritas não fazem essa vivência e essa exemplificação?

— Muito poucos o fazem, e isso é sabido. Uns porque acham que não há necessidade disso, outros porque não estão preparados para esse esforço e sacrifício e outros ainda, por suporem que o que fazem basta: leituras, frequência a centros espíritas ou reuniões, etc.

— E é isso um erro?

— Claro que não, cada um faz o que deseja e escolhe o setor da Doutrina que mais lhe apraz, usando de seu livre-arbítrio.

— Para que então o rigor da escola?

— Para satisfazer os anseios daqueles outros que desejam não somente conhecer a Doutrina mas viver segundo o Evangelho de Jesus, obedecendo aos impulsos do seu coração.

— Viver segundo a Doutrina não basta?

— Bastará se a parte religiosa não for encarada só teoricamente, como coisa de importância secundária, mas vivida e exemplificada em si mesmos, no seio da família e da sociedade.

— E por que você sempre põe o setor religioso no meio de tudo?

— Porque sem as realizações desse setor, as práticas e a vivência serão ilusórias, inócuas, não levam a nada de positivo a não ser no campo do aculturamento; e o que mais interessa é a redenção.

— Em geral os espíritas fazem o bem que podem; a regra de Kardec "sem caridade não há salvação", é seguida e todos amam a Jesus.

— Isso não basta?

— Basta para a maioria que faz o que pode e julga isso certo e a mais não se obriga; mas a escola não é obrigatória para essa maioria. Os que a procuram são os que desejam apressar sua evolução e julgam-se felizes de passarem por ela e seguirem seus próprios caminhos.

— Assim sendo, parece que estamos todos de acordo e em paz e entendimento; não concorda?

— Concordo.

— Por isso é que se costuma dizer que conversando é que a gente se entende. Graças a Deus.

E se foi.

203
O DESPRENDIMENTO

O período de desprendimento da morte não é rápido e brusco, salvo nos acidentes; levam uns dois dias ou três, durante os quais a mente se desliga do cérebro físico e ainda persiste alguma sensibilidade ou animismo; e o Espírito pode perceber o que se passa em torno e ouvir o que se diz.

Nestas condições não é aconselhável que o corpo seja cremado nesses dias e antes que o Espírito, desligado de tudo, siga seu novo destino no Plano Espiritual.

— E nos países onde a cremação é habitual? Como se procede?

— O Plano Espiritual, simplesmente antecipa o corte das ligações e a duração da vida física.

Pessoas encarnadas que possuem condições morais e sentimentos de certa forma evoluídos e recebem tarefas espirituais árduas e difíceis, dentro de uma vida física trabalhosa, atormentada e doentia, isso pode ter duas significações mais evidentes: maior soma de dívidas passadas para resgatar, ou processo de purificação mais intenso para o Espírito libertar-se mais rapidamente e assumir mais amplas responsabilidades no Plano Espiritual.

204
FALANDO DE JESUS

Falando de Jesus, diz o Instrutor:

"Sofrendo os males da Terra nos leva às coisas do céu."

"A caridade é um primeiro passo na auto-realização pelo amor."

"E nos passos finais é o desprendimento total em benefício não de um ou de alguns, mas de todos."

É o que cabe aos Espíritos crísticos, que se deixam sacrificar em benefício da humanidade inteira...

205
CATACLISMOS

Dentre as profecias feitas na Idade Média e outras mais atuais, a retificação do eixo da Terra é sempre repetida, com seus terríveis efeitos, dentre os quais os mais violentos serão os enormes deslocamentos de massa de água atiradas sobre as terras firmes de muitos países da Europa, da América e da Ásia.

Por outro lado o esperado derretimento dos gelos dos pólos será outro fator de terríveis calamidades, porque a movimentação dessas enormes massas de água produzirão catástrofes inconcebíveis, bastando saber que pelos cálculos mais moderados, as águas dos oceanos subirão algumas dezenas de metros invadindo, destruindo grandes metrópoles existentes em todo o mundo.

Outra consequência desses cataclismos é a submersão de países inteiros existentes e grande número de arquipélagos onde existem inúmeras cidades hoje florescentes, com afogamento de centenas de milhões de criaturas humanas.

206
EXPURGOS

Seres pertencentes a outros orbes virão à Terra nesse período terrível que estamos nos referindo e, segundo as profecias, não serão bem recebidos e levará tempo até que arrefeça a má vontade dos terrícolas e os ádvenas possam iniciar vida normal e construtiva.

Convém lembrar que o mesmo já aconteceu em outras épocas com seres vindos de outros planetas, pertencentes ou não ao nosso sistema planetário como, por exemplo, os capelinos, vindos da estrela maior da constelação do Cocheiro e várias levas de habitantes de Vênus, o planeta vizinho mais próximo que nós do Sol.

207
PREVISÕES ASTRONÔMICAS

Em 1986 o velho cometa Halley voltará a se aproximar de nossa atmosfera e desta vez provocará distúrbios, por estar dentro do tempo marcado para as alterações do fim deste século.

Nestes acontecimentos finais haverá terríveis mudanças também nas estações, que desde já vemos como se estão alterando e apresentando irregularidades.

O que está previsto serão frios terríveis, degelo dos pólos e dos glaciários (altos das montanhas) e secas implacáveis, com seu cortejo conhecido de dificuldades nas áreas rurais.

As correntes de ar da atmosfera superior já estão sendo perturbadas e desviadas de suas costumeiras rotas e limites e aumentarão as dificuldades das semeaduras, das colheitas e da distribuição de alimentos no mundo, com fome e mortes para centenas de milhões de criaturas.

Mas tudo, por fim, se acomodará e há esperança de que o reequilíbrio geral da Natureza poderá assegurar aos homens do Terceiro Milênio uma vida mais feliz e mais duradoura.

208
CONTROLE DO SEXO

Aprendizes e trabalhadores bem intencionados fazem sempre perguntas sobre se o sexo deve ser combatido e se é elemento perturbador do progresso espiritual.

— Usar o sexo como simples e dominante meio de satisfação de desejo animal, pelo simples prazer físico é prejudicial ao progresso espiritual, porque mantém os vínculos dominantes da carne.

Abusar do sexo visando multiplicar as oportunidades desse conúbio, é prejudicial porque termina por se tornar um mero viciamento de animalidade.

209
REFORMA ÍNTIMA

Para que a reforma íntima tenha êxito é indispensável a eliminação sistemática de vícios e defeitos, de maus desejos, perjúrios, avareza, luxúria e outras falhas morais.

O esforço deve ser feito para que o aprendiz se torne vazio de emoções negativas e adquira impulsos sãos, construtivos, bondosos e assim possa elevar-se dentro do conjunto humano num processo de autopurificação abrangente do corpo e do espírito.

210
DETALHES SOBRE DESDOBRAMENTO

Nos desdobramentos, antes que se possa abandonar o corpo adormecido, é preciso apurar os sentimentos e pensamentos e ter certeza de que estes inspiram confiança, para se evitar os males psíquicos a si mesmos e a outrem.

É preciso ter certeza de que ao tentar desdobramento, não se tenha ideia alguma de desrespeitar o resguardo, a intimidade e a integridade das pessoas, nem mesmo curiosidade em relação a elas, onde quer que as encontremos. Se os desejos da carne mantêm a alma ainda subjugada, nada será possível, porque somente em um bom e justo trabalho haverá condições ideais de exteriorização consciente, pacífica e profunda.

211
O SEXO E O AMOR

Os abusos sexuais e mesmo seu uso imoderado, como hábito, devem ser combatidos porque enegrecem a aura, diminuem o fluxo da corrente áurica e impedem que esta seja facilmente flutuante e flexível.

Mas entre pessoas que se amam e se afinam, dentro de uma moderação razoavelmente aceita, nenhum impedimento há nas relações, porque reciprocamente os pares necessitam do sexo para alimentar a corrente da vida e da espiritualidade.

O que se pode dar como reprovável é o uso abusivo e somente para satisfação do desejo animal, de forma viciosa e obsessiva, atrativa para envolvimentos espirituais inferiores.

E quando as partes se elevaram bastante na espiritualidade podem reduzir ao mínimo o desejo, substituindo-o por outras sensações mais perfeitas e construtivas.

212
EXPERIÊNCIA

Antes de aceitarmos os ensinamentos que determinadas pessoas nos oferecem, sobretudo sobre conhecimentos espirituais, que são abstratos por natureza, devemos verificar "qual a experiência que essas pessoas possuem sobre aquilo que ensinam".

213
CONTATOS NO ESPAÇO

Enquanto se dorme, como todos nós sabemos, o perispírito sai para o espaço e ali vive várias horas, mantendo os contatos mais diversos e presenciando os acontecimentos mais variados dos quais, ao acordar perde-se a quase totalidade da lembrança.

Quando a qualidade dos nossos sentimentos e pensamentos é de natureza inferior, sobretudo em relação a contatos humanos, o Espírito exterioriza-se do corpo denso, mas não se afasta muito dele, permanecendo no plano astral inferior e seus contatos, neste caso, são com entidades inferiores, da mesma qualidade, porque os semelhantes se atraem e a sintonia é que determina as aproximações.

214
SEGURANÇA E FÉ

Os espíritas em geral, sendo adeptos de uma doutrina mais avançada que as outras e que tem uma ampla e perfeita base moral, como é o Evangelho de Jesus, devem crer em uma religião universal, não particular, pregada e exemplificada pelo Espírito diretor e condutor do nosso planeta em várias encarnações, em diferentes lugares, em épocas diferentes e sob nomes diferentes.

Esta circunstância representa uma perfeita e profunda unidade de crença e uma especial segurança no esforço evolutivo que todos desejam realizar.

215
AO REGRESSAR

Ao regressar de um desdobramento, diz o Instrutor:

"Deve-se manter o pensamento de que se precisa lembrar de tudo que houve, que viu e ouviu e deixar que o perispírito vá descendo, calmamente, até caber certinho no corpo frio, pegajoso e inconsciente, em transe; quando encaixar, sentirá um estalo e um puxão e a impressão de que está afundando; e então acorda."

216
DIFERENÇA DO TEMPO

Nos trabalhos práticos que incluem exteriorizações mais ou menos profundas, até o desdobramento pleno, observa-se que, no plano espiritual "minuto do nosso tempo terreno corresponde a centenas de anos", por causa da velocidade do pensamento, que é muito mais rápido que a luz, que como se sabe, caminha 300 mil quilômetros por segundo.

217
RAPIDEZ DO PENSAMENTO

Um fenômeno que sempre intriga aos estudantes de coisas espirituais é ver a rapidez com que os nossos pensamentos movimentam nosso corpo físico; quando pensamos mexer o pé, por exemplo, ele já se mexeu, não se sabe como.

Nesse plano diferente, que é o espiritual, quando pensamos ir a algum lugar, por mais afastado que seja, lá já estamos; ou quando pensamos em vestir uma túnica branca com um cordel dourado à cintura, assim já estamos vestidos, não se sabe como.

Mas tudo é devido à rapidez do pensamento; em qualquer dos exemplos citados, o Espírito tem a ideia e esta já é logo executada; ou então, recebe uma impressão exterior pela mente, classifica-a, toma a decisão consequente e a ordem já partiu com tal rapidez que nem retificá-la não é mais possível, se isto fosse conveniente; é óbvio que neste caso de retificação ou de sustação de uma decisão tomada no momento, a mesma rapidez se processa e a retificação é feita de tal forma que nem parece que houve.

Tudo pela rapidez do pensamento, que como se vê, é uma força tremenda e porque fora do corpo físico, agimos na quarta dimensão.

218
EFEITOS INCRÍVEIS

A rapidez incrível da transmissão da vontade do Espírito encarnado ao corpo físico ou ao meio ambiente, a que nos referimos na nota anterior, no plano espiritual é milhares de vezes maior, de maneira que para o Espírito, dormindo ou desdobrado, um assunto qualquer em trânsito pela nossa mente nasce, cresce, vive, produz seu efeito e dissipa-se num mesmo rapidíssimo instante, parecendo que o que se viu ou sentiu, foi coisa que às vezes pode parecer absurda, disparatada, "sem pé nem cabeça", quando não um verdadeiro pesadelo.

219
REGRAS ÚTEIS

Nos desdobramentos conscientes devemos previamente estabelecer no foro íntimo, isto é, registrar no subconsciente, o local onde se deseja ir, por onde passar no trajeto, o que se tem em vista com aquele ato, etc. etc.

Importante é também determinar previamente que não se deseja demorar nas esferas inferiores do umbral, mas, ao contrário, passar bem depressa por ali, mantendo sempre controle e segurança sobre si mesmo, jamais demonstrando qualquer temor, por mais delicada ou imprevista que se torne a situação.

Os Espíritos inferiores, sobretudo os elementais, são atraídos fortemente pela vibração do temor, quando demonstrado por alguém, se reconfortam com isso, e ganham plena ousadia em se aproveitarem da oportunidade para vampirizar ou fazer qualquer malefício aos Espíritos transeuntes.

Esta regra é também francamente aplicada: quando se trata de Espíritos encarnados, ante qualquer ataque que sofram de elemento inferior, evitem desassombradamente qualquer sentimento ou sensação de temor, para facilitar a eliminação do envolvimento.

220
PRESUNÇÃO DE SABEDORIA

Não devemos supor, como adeptos do Espiritismo que é, como se sabe, uma doutrina mais avançada que sabemos tudo e os outros pouco ou nada sabem, das verdades e das práticas espirituais, porque Deus oferece a verdade a todos os seus filhos, indistintamente, "desde que se coloquem em condições de obtê-la, desejem obtê-la e se esforcem por merecê-la".

221
AMOR E ÓDIO

É velho como o homem o conhecimento de que o amor e o ódio são polos opostos de um mesmo sentimento.

É comum ouvir-se dizer que se ama uma pessoa mas, às vezes, também se a odeia.

Nos dois casos o entendimento predominante é atração que sentem um pelo outro e que sofrem gradações conforme a conduta de um em relação ao outro.

Nas ligações humanas tanto o amor como o ódio formam carmas intensos, bons ou maus e de duração indefinida, até que a conduta evangélica funda os dois sentimentos em um só, predominante, positivo, construtivo e único de eterna duração.

222
DESPRENDIMENTO DE BENS

É conhecido o preceito segundo o qual, para receber é preciso dar.

Diz o Instrutor: "Dar é como abrir uma porta; se não a abrirmos não podemos receber as coisas boas que nos esperam".

Se não estamos psiquicamente preparados para dar, é que ainda somos presas fáceis do egoísmo, o mais terrível dos defeitos humanos.

E o mérito completo do dar somente existe quando há sacrifício na ação, isto é, quando damos daquilo que nos faz falta.

Quem ainda não adquiriu essa virtude, deve exercitá-la diariamente a todo instante, para adquiri-la e, por fim, demonstrá-la espontaneamente, sem indecisões. E pode-se apontar com os dedos as beneméritas criaturas que agem dessa maneira.

Isto, aliás, faz parte da reforma íntima ensinada na Escola de Aprendizes de Evangelho, no capítulo "Combate aos Defeitos Morais", dentre os quais tem pleno destaque o desprendimento.

223
VALOR DO TEMPO

Nossas mentes devem ser abertas amplamente às verdades, sejam quais foram, venham de onde vierem, porque precisamos aproveitar, em seus mais extensos limites, o tempo de que dispomos nesta atual encarnação.

Aceitamos e agradecemos o conhecimento que nos foi armazenado pelas gerações que vieram antes de nós, naquilo que representam, de trabalho e sacrifício e a esse acervo acrescentamos nossa participação, para sermos também úteis ao enriquecimento do cabedal evolutivo da humanidade.

Entretanto, selecionemos tudo o quanto nos vem como ensinamento, com imparcial vigilância e desprendimento, para não alimentarmos dogmatismos, meias verdades ou interesses meramente humanos, pois que tudo muda, dia por dia, e os próprios valores científicos, endeusados pelo vulgo, afirmam coisas simplesmente transitórias, que o incessante labor humano em pouco tempo refuta e ultrapassa.

Mas não esqueçamos que as verdades espirituais essenciais, trazidas ao mundo pelos luminares mensageiros de Deus Criador e Pai, são de infinita duração, imutáveis e perfeitas e sempre levam para a felicidade eterna nos reinos divinos.

224
CONCEPÇÕES HUMANAS

A vida humana no mundo se movimenta com tamanha velocidade nos dias que correm, que as crenças mais sólidas, que pareciam radicadas bem fundo no conceito geral, alicerçadas na rocha imutável do tempo, desmoronam à nossa vista, por não encontrarem em si mesmas, recursos de sobrevivência, de sustentação mais profunda, porque evidentemente não as tinham.

Mas as verdades espirituais semeadas desde milênios pelos missionários divinos, despontam por toda parte e ostentam aos olhos atônitos dos gozadores, mistificadores e aproveitadores da ignorância humana retardada sua luminosidade promissora; são as luzes do Cristo planetário indicando os caminhos da redenção. Basta segui-las.

225
SIMILITUDES

O universo de Deus é tudo o quanto existe: as nebulosas, as galáxias, os sistemas planetários, os páramos desconhecidos; as estrelas, os planetas e os asteróides inumeráveis que marchetam de vida e de luz o espaço infinito.

Deus é alma do universo.

O universo do homem, analogicamente falando, é o seu próprio corpo denso, com os bilhões de células vivas, dinâmicas e sensíveis, que constituem os órgãos e sistemas, e mais os corpos espirituais que formam o perispírito, envoltórios intermediários e anímicos componentes do conjunto humano.

Assim como a Divindade está vinculada e presente aos universos criados, assim o Espírito humano se vincula e está presente ao seu universo reflexo, de bilhões de seres invisíveis, que compõem o corpo humano encarnado.

Ele é a alma desse universo menor.

226
LIGAÇÕES PSÍQUICAS

O corpo mental interpenetra e se sobrepõe ao corpo denso e seu ponto de ligação com o Espírito — o dono do sistema — está no centro do encéfalo, onde vão ter todos os impulsos em trânsito.

Como o Espírito vive na quarta dimensão, ele recebe impressões de todo o conjunto: do corpo físico, pela trama complexa dos plexos e dos nervos; do ambiente exterior, pelos sentidos; e dos Planos Espirituais, por envolvimento ou transmissão direta.

227
TENTANDO COMPREENDER

O conhecimento da criação de Deus, na sua realidade divina, escapa à compreensão humana e somente em altos escalões hierárquicos da espiritualidade poderá existir.

Mas há revelações que fornecem uma imagem naturalmente aproximada dessa existência e uma delas, das várias que conhecemos, representa um passo de acessibilidade nesse caminho abstrato.

Referimo-nos às informações que constam do Apocalipse de Antúlio, o missionário crístico que encarnou na Atlântida, em épocas remotíssimas e que foi trazido ao conhecimento de Moisés, milênios depois, nos templos egípcios.

228
REVELAÇÕES RESPEITÁVEIS

As revelações a que nos referimos na nota anterior foram obtidas por Moisés, através de desdobramentos de alta condição técnica, o médium custodiado na Terra por uma turma de discípulos seus, e no espaço por entidades de alta condição, ligadas à sua tarefa missionária.

Por outro lado, sua interferência como missionário crístico de elevada condição (muito diferente do que foi descrito no Velho Testamento hebreu) e transmitido aos nossos dias pelo respeitável Instrutor essênio Hilarion do Monte Nebo, escritor respeitável de pré-história, são revelações de autenticidade satisfatória em todos os sentidos.

229
ANTROPOFAGIA

Os habitantes da Lemúria, continente afundado há muitos milênios eram negros de elevada estatura na sua maior parte.

Formaram a Terceira Raça-Mãe e emigraram para a Índia, ao norte e para a África a oeste.

O afundamento se deu porque lavrava entre eles devastadora corrupção moral e barbárie, havendo-se generalizado o costume impiedoso da antropofagia, sobretudo de crianças e jovens.

230
DESINTEGRAÇÃO

Os Espíritos que se degradam, desprezando todas as oportunidades de evoluir que lhe são oferecidas, perseveram no erro, negam a Divindade e se deixam submergir no mais horrível e repugnante vampirismo (que representa uma derradeira condição de decadência e animalidade) podem ser ainda beneficiados pela misericórdia do Pai com novas encarnações reabilitadoras em tempo longo, mas, se mesmo assim, permanecem refratários e incorrigíveis, sem possibilidades de recuperação moral passam então a sofrer a ação dos Espíritos de Justiça, podendo ser desintegrados, revertendo as mônadas à sua esfera de origem.

231
EXAME DO GLOBO

A crosta terrestre, cujo nome é litosfera, contém em média 150 quilômetros de espessura. Em relação ao volume do globo, isso corresponde a casca de uma laranja sobre o total da polpa.

Abaixo da crosta existe uma camada intermediária de 2 mil km. denominada "magma" e, abaixo desta, fica o núcleo incandescente denominado "barisfera" com 3.250 km. e cujo calor interno é de 3 mil graus centígrados.

232
COMETAS

Os cometas sempre amedrontaram os homens, para os quais prenunciavam sempre desgraças e até mesmo o fim do mundo, quando seu tamanho era considerável.

Um dos mais conhecidos dentre eles é o Halley, que aqui esteve em 1910, devendo voltar em 1986, porque sua revolução é de 76 anos.

Nessa última passagem cobria uma vasta área do céu, com a cabeça no centro do firmamento e a cauda descendo até mais para baixo do horizonte visível.

Nessa cabeça caberiam 97 mil globos terrestres e a cauda, na aparição de 1834, tinha 228 milhões de quilômetros.

A luz do cometa Halley, examinada pela espectrografia continha ácido cianídrico, um dos venenos mais violentos que existem.

Os cometas se formam pela aglomeração de poeira cósmica em torno a um núcleo, sobre a qual age a força de gravidade; mas são considerados inofensivos porque é mínima a densidade de sua massa, facilmente separada e neutralizada pela massa de corpos sólidos como os planetas.

Já foi anotado pela ciência que há três épocas determinantes para a aparição de cometas na Terra: século III, século IX e século XV, em períodos certos de 600 anos, com um número mínimo de cometas para cada período, sendo de quase 200 o número dos cometas conhecidos, dos quais muitos desapareceram ou demoram tanto a voltar, que ficam esquecidos.

233
O SOL

A estrela Sol, núcleo central diretor do nosso sistema planetário tem 1.391.000 quilômetros de diâmetro e contém o volume de 1.300.000 terras.

Por si só o Sol é 560 vezes maior que todos os demais planetas juntos.

234
TUDO NO SEU LUGAR

Diz o Instrutor:

"Neste incomensurável organismo que chamamos de Universo, tanto os maiores seres, como os mais insignificantes, ocupam o lugar que lhes cabe, com uma precisão admirável.

Só estão, às vezes, fora do seu centro e de sua Lei, os pensamentos e os atos do ser inteligente — o homem — em respeito à lei do livre-arbítrio."

235
ALMAS-GRUPO

Este termo clássico, para os espiritualistas em geral refere-se à necessidade das mônadas ainda não independentes, habitantes dos reinos inferiores da Natureza — mineral, vegetal e animal e ainda não conscientes, de se congregarem sob a direção ou proteção de uma outra mais adiantada, que as impulsione, sob a forma de movimentos instintivos, visando sempre caminharem mais rapidamente para a individuação e adquirirem maior liberdade de ação.

236
BUSCA DE DEUS

"Quando um pequeno núcleo de seres busca a verdade divina e o soberano amor, com vontade sincera de encontrá-los e se põe em sintonia com Ele, não há força inferior ou grosseira que possa impedi-lo."

Os caminhos se abrem a sua frente, a Terra lhe oferece seus segredos e do céu descem as revelações esclarecedoras. Todas essas dádivas somente as merecem aqueles que se prepararam na fé, no sacrifício e na purificação interna.

237
LOCALIZAÇÃO DA TERRA

A Terra faz parte do universo galaxial denominado "Via-Láctea", dirigido por entidades espirituais colocadas no ápice da hierarquia e dotadas de largo poder, conquanto ainda sujeitas a essa multiforme e maravilhosa escalação de valores, que se baseia na sabedoria, na capacidade, maior ou menor, de amor universalizado e na sua testemunhação em todos os sentidos da subordinação irrestrita à vontade suprema de Deus.

238
OS PRIMEIROS HOMENS

Os seres humanos surgiram na Terra pouco antes do fim da primeira Era Glacial (houve quatro), o que significa degelo dos polos e dos pontos altos da crosta planetária, quando se iniciaram as migrações de Espíritos de outros orbes: Capela e Vênus.

239
FORMAÇÃO DOS CORPOS

Os corpos físicos dos Espíritos que pela primeira vez encarnaram na Terra (autóctones) foram formados com ectoplasma e outros elementos fluídicos e químicos, fornecidos pelos animais selvagens existentes na época, após inúmeros ensaios e experiências realizados pelos Espíritos da esfera criativa, encarregados da construção das formas.

As diferenças morais entre as raças da Terra (nativas e exiladas) são devidas ao orgulho destas últimas, que se sabiam superiores aos naturais da Terra, o que também impediu a mesclagem generalizada para a formação de um tipo único de ser humano, o que deu margem a que após dezenas de séculos, ainda se encontrem hoje diferenças raciais pronunciadas, conquanto para isso também hajam concorrido diferenças de clima, de meio ambiente, de alimentação e outros fatores.

240
ESPÍRITOS GUARDIÃES

Na hierarquia espiritual, segundo a tradição atlante, os homens estão situados abaixo dos Espíritos Guardiães que formam as "Legiões do Reino", e atuam nos dois planos, para benefício dos seus habitantes e que já pertencem à classe dos anjos. Provêm, na sua maior parte, de orbes mais adiantados que a Terra, aos quais estendem suas atividades benfeitoras.

As barreiras da animalidade inferior com seu baixo teor vibratório, impedem a encarnação mais assídua desses seres em nosso globo.

São guias de Espíritos tarefeiros encarnados e de coletividades humanas e também atendem a necessitados em determinados casos, porque têm acesso aos registros etéreos dos carmas — individuais e coletivos.

241
CONSERVAÇÃO DAS TRADIÇÕES

As escrituras antigas vêm da pré-história, que é o período mais longo da vida humana na Terra e transitaram de uns lugares para outros, segundo as necessidades de fixação de centros de civilização.

Para sua conservação os responsáveis utilizaram, segundo as possibilidades do momento, placas de metal dúctil, como o oricalco, na Atlântida e o cobre; pele curtida de cabras e de ovelhas; casca de árvores apropriadas; papiros, telas enceradas e outros materiais que duravam séculos, e eram condicionados em tubos de metal ou caixas de cobre, quando se tratava de gravações em argila, muito usadas antigamente.

Nos templos egípcios antigos, muitos já em estado de ruínas, ao tempo de Moisés, foram encontrados esses documentos pré-históricos, muito bem conservados como também em nossos dias, em escavações e grutas da Palestina, Arábia e outros países vizinhos.

242
AS PIRÂMIDES

As pirâmides são construções monumentais e impressionantes por suas extraordinárias proporções, bastando dizer que a de Queóps, construída com blocos de pedras maiores que um homem e pesando, cada uma, várias toneladas têm, em cada lado da base, 232 metros de extensão e 131 metros de altura.

Esses monumentos mostram quão grandiosas eram as iniciativas dos antigos construtores egípcios e profundos seus conhecimentos, porque, além das dimensões, realmente fora do comum, para construções daquele tempo e mesmo para hoje, as pirâmides oferecem, também, inúmeras provas dos avançados conhecimentos científicos que possuíam alguns povos antigos, na pré-história.

Existem pirâmides também em vários lugares, inclusive no México e outros países americanos; no Sudão africano; na Ásia Menor e outras regiões. Nenhuma, porém, nas condições e com as perfeições apresentadas pelas egípcias.

Essas pirâmides pré-históricas egípcias, de idade milenar, construídas com o fim, suposto ou provável, de atestar a passagem na Terra de uma raça mais avançada que a nossa (a vinda de Capela, da Constelação do Cocheiro) e ao mesmo tempo, para servirem de templo ou de túmulo dos faraós das primeiras dinastias históricas, desafiam a imaginação dos próprios cientistas de hoje que ignoram, por exemplo, como pedras de tais proporções foram transportadas de longas distâncias, levantadas a tamanha altura e assentadas com tal perfeição o que para a própria engenharia moderna seria problema de não muito fácil solução.

243
COSMOLOGIA

A título de esclarecimento quanto à ancianidade do conhecimento espiritual, transcrevemos estes dados:

Deus — o Absoluto — é energia, luz e amor. Mais imediatamente subordinados existem sete potências integradas em sete forças inteligentes e vivas, masculinas, ativas, e femininas, passivas.

Essas potências concebem as criações sucessivas, fixando-lhes localização, duração e forma, cabendo às Inteligências Superiores, situadas em escala logo abaixo, da mesma forma ativas e passivas, a execução do pensamento criador.

Essas Inteligências Superiores agem formando universos, galáxias e sistemas planetários, dentre os quais se situa o nosso, chamado solar, porque tem o nome de Sol a estrela que o congrega.

Originariamente um pouco no éter cósmico; depois uma espiral, uma nebulosa que gira, lançando fagulhas de fogo, os futuros sóis — dos quais, pelo mesmo processo, formam-se os planetas que, com o tempo, girando, arrefecem, solidificam-se, recebem os germes de vida; e tudo prossegue, evoluindo, nos padrões e limites marcados anteriormente.

Esta é a tradição cosmológica atlante, que foi transferida para a antiga Grécia, nos tempos pré-históricos, — passando daí à Mesopotâmia e difundindo-se depois por todo o mundo ocidental de então, como conhecimento fechado, não popular.

Abrange um período de tempo cósmico de aproximadamente um bilhão de anos terrestres, tempo que a ciência moderna aproximadamente confirma.

É infantil, portanto, a cronologia religiosa oficial, que arbitra cinco a seis mil anos para a existência do homem na Terra.

Essa versão anticientífica provém de uma interpretação errônea dos ensinamentos de Moisés, que calculou o tempo da criação simbolicamente em dias que representam longos períodos cósmicos e dias solares, que regem a vida de um planeta em particular.

244
CIVILIZAÇÃO SUMÉRIA

Uma das civilizações humanas mais remotas, da qual ainda existem vestígios arqueológicos na Ásia Menor, é a Sumeriana, que antecedeu, na pré-história, ao período civilizador e espiritualizante denominado civilização Kobda, interessando vastas regiões circunvizinhas.

Os sumérios se originavam de tribos vindas do oriente, de junto ao Planalto do Pamir, que desceram para os vales da Mesopotâmia e margens do Mar Negro, onde se fixaram e dominaram por largo tempo.

Suas raízes e tradições religiosas vêm da Atlântida, donde levas de colonos emigraram para as regiões orientais, pouco antes do primeiro afundamento, formando uma raça distinta que desapareceu, absorvida por outras imigrações da mesma procedência, que vieram da Grécia e do sul da Europa e fundaram vários povos na bacia mediterrânea; dentre estes o povo egípcio foi um dos que mais se destacou e entrou organizadamente nos tempos históricos, com o faraó Adam-Mena, que fundou a primeira dinastia, oito milênios aproximadamente, antes de Jesus Cristo.

Estes detalhes, como inúmeros outros, fazem parte da tradição espiritual reconstituída por Moisés e transmitida à Fraternidade Essênia, após sua morte.

245
HIERARQUIA ESPIRITUAL

Além e acima dos planos como o nosso, onde os Espíritos encarnados estão sujeitos a provas e expiações dolorosas, é verdadeiramente grandiosa a escala hierárquica espiritual.

O Livro dos Espíritos se refere a uma hierarquia mais elevada, que é a dos "Espíritos Puros", entendendo-se que a definição significa Espíritos de alta perfeição, porém, ainda criaturas, seres criados por Deus, que jamais atingem a esfera suprema, onde Deus é único.

Há esferas separadas, planos distintos entre criador e criaturas. Se a evolução fosse infinita e sem limitações, desaguando todos os seres em um só ponto ou condição final, que só poderia ser o seio mesmo de Deus (porque não se pode admitir algo fora d'Ele) os seres criados ou se tornariam, à sua vez, deuses, (quando a verdade é que existe somente um Deus, supremo e único), ou se diluíriam na essência divina desaparecendo, caso em que o fim da criação seria essa reabsorção.

Mas, há sem dúvida alguma, um limite máximo posto à evolução dos seres criados.

246
LIMITES DO CONHECIMENTO

Os seres criados, nos pontos mais elevados, se reintegram na esfera divina ao fim da evolução, quando passam, então, a cooperar com Deus nas atividades cósmicas de direção, mas sempre subordinadamente. Isto é o que o Espiritismo ensina, indicando o exemplo de Jesus; como também que a recompensa do trabalho nos planos superiores é a glória dessa cooperação, visto que as atividades dos Espíritos jamais cessam.

A ascensão evolutiva deve, pois, terminar nos limites dos planos supremos, mas ignora-se, se daí por diante é permitido o conhecimento de Deus em si mesmo.

247
ELOS DA MESMA CORRENTE

Vejam-se as interessantes coincidências seguintes: o deus nacional dos egípcios antigos chamava-se Amon, que quer dizer carneiro; João Batista apontava Jesus à multidão como sendo o cordeiro de Deus; João Evangelista viu-O no seu Apocalipse como um carneiro triunfante nas regiões celestes; o título dos sacerdotes budistas é "lama", cujo termo significa carneiro; os profetas antigos falavam do sacrifício de Jesus "que seria levado à morte como um carneiro, sem reagir a seus algozes"; ao tempo de Constantino I, nos agrupamentos cristãos, Jesus era representado como um carneiro deitado ao pé de uma cruz.

248
CONSTRUÇÕES MÍSTICAS

Em escolas da iniciação antiga, na Índia, no Egito e na Grécia, eram correntes os estudos sobre vibrações e, na área dos sacerdotes, as aplicações eram avançadas, inclusive para determinar a forma das construções e dos objetos de uso.

Pelas vibrações eram determinados os "módulos", os esquemas obtidos pelos sons, e os métodos e as características próprias, formavam escolas e estilos diferentes dos quais nas construções são exemplos os estilos jônico, dórico, romano e oriental, até hoje adotados.

E na antiguidade religiosa vemos como exemplo a Arca da Aliança dos hebreus, construída nos desertos arábicos, antes da conquista de Canaã: medidas, qualidade do material, forma, ornamentos, defesa magnética, tudo foi determinado por processos espirituais.

Para essas determinações os sons eram obtidos por emissões feitas por instrumentos apropriados que os projetavam sobre lâminas flexíveis de metal com superfícies lisas e polidas, polvilhadas de pó muito fino. Ao impacto das vibrações produzidas pelos sons, nessa superfície polvilhada, o que ia formando as figuras desejadas, com sua forma e dimensões, proporcionadas às leis de harmonia da Natureza.

Esse processo era usado quando se queria construir algo místico, respeitada a vontade das entidades protetoras ou inspiradoras.

249
LINHA DAS TRADIÇÕES

Moisés, como sacerdote que era dos templos egípcios, conhecia bem as duas linhas de tradições que confluíam na Mesopotâmia, uma originária da Atlântida vinda pela Grécia e Egito, cujos arquivos encontrou, como já dissemos, nos templos nacionais e a outra vinda do oriente, através do patriarca Abraão, de Ur, na Caldéia, vinculado a Melquisedeque, a seu turno filiado à tradição hindu de Rama.

Moisés condensou essas tradições nos livros que escreveu com o auxílio mediúnico do Colégio dos Setenta, que organizou, ainda quando nos desertos arábicos, livros esses cuja parte fundamental e autêntica passou à Fraternidade Essênia.

A Doutrina dos Espíritos filia-se a essa linha de tradição que vem de Moisés — como Primeira Revelação; — continua nos ensinamentos de Jesus — como Segunda Revelação; — que desdobrou-se no Cristianismo Primitivo, do qual a Doutrina Espírita é uma revivescência, intitulando-se a Terceira Revelação.

Eis o esquema das linhas de tradição espiritual do mundo, desde a pré-história, ambas procedentes da Atlântida:

Antúlio (Hiperbóreos — Celtas); Rama: Krisna — Vedas — (Bramanismo — Budismo).

Hilcar: (Grécia — Egito); Moisés: (Hebreu — Essênios).

Jesus: (Cristianismo Primitivo).

O Espiritismo encerra esta nomenclatura fora dessa filiação como Doutrina mais avançada atual, ditada diretamente do Plano Espiritual a Kardec, seu Codificador.

250
APOIO NOS DESDOBRAMENTOS

Nos desdobramentos de missionários de alta hierarquia a insuficiência do apoio está demonstrada como exemplos nos dois casos conhecidos do Tabor e do Getsêmani; em todos os dois Jesus pediu aos apóstolos presentes que o apoiassem e aguardassem seu regresso e em todos os dois o suporte não funcionou bem e Jesus ficou sem esse auxílio que, em certos casos, é de absoluta necessidade.

Moisés, no retiro de Madian, permanecia longas horas desdobrado, enquanto seus discípulos velavam junto ao corpo físico que, ao regresso, era comum ser encontrado gelado e inerte, sendo necessários trabalhos de revigoramento. João Evangelista, quando se exteriorizava para o Apocalipse, da mesma forma deixava seu corpo físico bem vigiado por seus discípulos, no seu retiro da ilha de Patmos.

251
ATRAÇÃO DE ESTRELAS

Os milhões de sóis, centros de sistemas, classificados como estrelas de primeira magnitude, são céus que servem de morada às inteligências purificadas, já isentas de provações nos mundos físicos.

Cada um deles é um resplendor de luzes próprias, de maiores ou menores potencialidades, que estendem pelo espaço infinito suas auras em busca de unidade, sintonização, fusão de sua esfera astral a outras afins de igual evolução, situadas a distâncias imensas, num movimento de expansão, solidariedade e amor universal.

O amor universal tudo enche de luz, de vida, de beleza e movimento, não havendo espaços vazios no infinito.

A mesma lei vige na Terra nas afinidades, na harmonia e na atração existentes na Natureza e nos seres que aqui evoluem.

252
AMBIENTES ATRATIVOS

Para o exercício do bem entre os encarnados, os Espíritos amigos e protetores em geral, encontram grandes dificuldades, por serem muito pesadas as correntes astrais do plano físico que, por sua vibração inferior, impedem a aproximação deles.

Nos grupos de trabalhos bem organizados e animados por ideais mais elevados, é indispensável oferecer aos Espíritos amigos ou visitantes, ambientes diáfanos, sutis, afinados, pureza mental, isto é, pensamentos purificados, áreas limpas de qualquer impureza.

Nestas condições o ambiente do grupo aparecerá no plano espiritual, como um imenso globo etéreo radiante de luzes e cores harmoniosas, no qual não podem penetrar correntes de pensamento inferior ou fluidos negativos.

253
TRISTES VERDADES

Neste mundo material que habitamos, como parte de uma humanidade retardada e devedora, facilmente podemos perceber que nada tem estabilidade, porque os fundamentos e os acontecimentos da vida são todos de autoria do próprio homem e este não forma maiorias que obedeçam a princípios de vida moral estáveis, elevados e duradouros.

Por outro lado, nas relações uns com os outros o que predomina é sempre o interesse material, com base no egoísmo multiforme que, por si mesmo, é sentimento altamente negativo.

Raras são as pessoas que possuem sentimentos altruístas e, quando um fato deste gênero ocorre, é logo comentado e apontado com o dedo como coisa fora do comum.

Por isso não temos muita esperança de redenção...

254
"MISERERE NOBIS"

O homem encarnado, como criatura emanada de Deus, possui por isso mesmo, qualidades intrínsecas em estado potencial, que dificilmente vêm à superfície, porque, via de regra, fugimos sempre às servidões e às regras de vivência que podem levar à exteriorização dessas qualidades potenciais; e somente uns poucos, que amadurecem um tanto mais, conseguem libertar-se das inferioridades dominantes; e as crenças que possuímos somente em pequena parte, influem para melhorar os aspectos deste quadro desalentador.

Por isso também, o sofrimento cresce e se espalha dia por dia e as esperanças, mais que nunca, são postas em Deus e em Jesus, o Espírito crístico redentor de homens que muito pouco fazem para se redimirem.

255
A DOUTRINA DOS ESPÍRITOS

Os conhecimentos gerais da Doutrina devem ser dados pelas obras da Codificação, cujas bases essenciais foram ditadas a Kardec por entidades espirituais de elevada hierarquia e estruturadas, coordenadas e comentadas por ele de forma altamente sensata, elevada e profunda, visando sua difusão generalizada na sociedade humana.

A parte religiosa, que é a fundamental sobretudo nos dias que vivemos, tem base no Evangelho de Jesus, cuja iniciação, preparação e vivência, devem ser feitas em cursos e escolas apropriadas.

A Escola de Aprendizes do Evangelho foi criada em 1950 justamente para preencher essa necessidade iniciática moral com programas adequados a essa essencial finalidade.

256
IMAGEM DE DEUS

A imagem de Deus é inconcebível para a inteligência dos seres humanos nos graus inferiores e médios da evolução.

Eis uma imagem que se pode intelectualmente e até certo ponto compreender:

"Um incomensurável anel de luz fulgurante, pendente do qual uma infinidade de laços de luz que, em grupos de sete, se abrem em todas as direções, levando vida, energia e amor a todos os universos criados.

Refundidas em uma só claridade deslumbrante e infinita, milhares de Inteligências Divinizadas, formando uma só vibração de vida e de amor por toda a eternidade.

Dali se alimentam todos os mundos, todos os seres e todas as coisas. Não há mais individualidades que pensam e amam de forma separada; tudo é um só pensamento, uma só vibração, um só amor supremo, infinito e eterno.

Resumindo: um conjunto de milhares de Inteligências Purificadas que se fundem em uma só vibração de luz, de vida e de amor para toda eternidade."

Isso é Deus: "E além? Algo haverá?"

O Missionário, em desdobramento, levado a presenciar esta inaudita visão, permaneceu desacordado muito tempo e levou dez dias para retornar ao equilíbrio do seu corpo físico.

257
INICIAÇÃO

A iniciação espírita, para os que apresentam condições de recebê-la, é feita na Escola de Aprendizes do Evangelho, através de programas e práticas adequados, que desenvolvem elevada capacidade realizadora no campo das testemunhações que levam à redenção espiritual.

258
ANTITEMPO

Assim como o vemos em nosso plano de vida material, tempo é a sucessão interminável dos eventos, que a luz etérea registra.

Antitempo seria a própria eternidade, no seio da qual a vida flui em interpenetrações circulares que destroem os conceitos de tempo, de espaço, do aquém e do além, do ontem, do hoje e do amanhã.

259
ESPECULAÇÕES

Em relação aos conceitos emitidos nos temas n°s 155 e 258 é preciso dizer que a semeadura do bem independe dos conceitos de **antimatéria**: destruição no campo físico; **antitempo**: eternidade; **antiespaço**: interpretação de campos e de movimentos; **antiespírito**: negação da lei da criação divina pelo amor.

Esses conceitos, nos mundos retardados como o nosso, representam somente especulações ainda não utilizáveis da mente humana, sempre ávida por ultrapassar as fronteiras do habitual e permissível.

260
ESSÊNCIA DOUTRINÁRIA

A Doutrina dos Espíritos transmitida à Terra por entidades espirituais de elevada condição e admiravelmente codificada por Allan Kardec, há pouco mais de um século, tem todas as possibilidades da religião universal aguardada pelo mundo.

É chamada — Terceira Revelação — na sequência que vem de Moisés e de Jesus, significando religião e ciência, se confirmando mutuamente numa perfeita unidade, que se pode compreender e aceitar filosoficamente, tendo como base os ensinamentos de Jesus Cristo, configurados no seu Evangelho Redentor, o mais elevado código de vida moral conhecido.

Se não fora assim entendida e transmitida com esse elevado sentido redentor humano, como alcançaria, de forma completa, sua finalidade cósmica na Terra?

261
GOVERNO ESPIRITUAL

Para o governo espiritual da Terra, da qual é o Espírito protetor, dirigente e responsável, Jesus estabelece guias e assessores, que respondem pela orientação, proteção e encaminhamento espiritual de países e povos.

Mas, num sentido mais geral, abrangendo o globo todo, existem Espíritos da classe dos arcanjos, mensageiros Seus e colaboradores íntimos que agem estabelecendo união com Seus seguidores encarnados no Plano Físico.

São estes seus nomes: Ariel, Gabriel, Rafael, Daniel, Samuel, Miguel e Ezequiel, cada qual com atribuições determinadas.

Obviamente, no plano espiritual estas divisões e nomenclaturas próprias de nossa linguagem, possuem a grandiosidade e a majestade dos planos espirituais sublimados.

262
O CULTO DO SOL

Para os homens de várias civilizações da antiguidade (como, ainda há pouco tempo, para os indígenas de algumas regiões do globo), o sol não era simplesmente uma manifestação da divindade criadora, mas a própria imagem dela; e, por isso, era adorado como um deus visível, benéfico a todas as manifestações da vida animal e vegetal.

263
CIVILIZAÇÕES DESTRUÍDAS

As civilizações pré-históricas foram destruídas por se desviarem do caminho reto e justo marcado pelas Leis Divinas, desvirtuando-se também as próprias faculdades psíquicas, dedicando-se os homens ao mal, ao vício, aos desregramentos, à violência e à morte. Assim sucedeu na Lemúria, na Atlântida, e na Suméria. Com sua degeneração, diz o Instrutor: "romperam o equilíbrio da luz, da paz e do amor, concedidos por Deus aos homens para evoluírem. Por esses crimes foram varridas da Terra".

264
O SÍMBOLO DO CORDEIRO

Esta imagem do cordeiro vem de longe, desde os tempos finais da Lemúria, onde encarnou um missionário crístico cujo nome era Numu e tinha a profissão de pastor de ovelhas.

Cantada pelos poetas e profetas ela atravessou os séculos e com o holocausto de Jesus, na Palestina, acrescentou-se de uma cruz, ressurgindo no Apocalipse de João; e até hoje, enfeita os mastros votivos das festas juninas em nosso país.

265
LOUVOR A DEUS

Diz o Instrutor: "Assim como o sol aquece o mundo, faz nascer as plantas e mantém a vida em todas as suas multiformes aparências, assim, Pai, Tu és a energia que me alenta o coração, o braço poderoso em que confiadamente me apoio e a luz que ilumina meus caminhos na imensidão da eternidade".

Por isso é que, sentindo tudo isso, disse Davi no Salmo 23: "Ainda que eu andasse pelo vale das sombras da morte, não temeria mal algum porque Tu, Senhor, estás comigo".

❖

E com estes pensamentos tão belos e alentadores encerramos este pequeno livro.

Bibliografia

Allan Kardec - Codificação
Outros Autores Espíritas
Evangelho
Ernesto Renan
Hilarion do Monte Nebo
Sholem Asch
Gustav Dalman
Ramatis
Leterre
Fabre d'Olivet
Instrutores Mediúnicos

Aliança

MEDIUNIDADE
16x23 - 224 páginas

PASSES E RADIAÇÕES
16x23 - 160 páginas

PRÁTICA MEDIÚNICA
16x23 - 192 páginas

MÉTODOS ESPÍRITAS DE CURA
14x21 - 128 páginas

Aliança

ESPIRITISMO PRIMEIROS PASSOS
16x23 - 192 páginas

INICIAÇÃO ESPÍRITA
21x28 - 248 páginas

EAE PERGUNTAS E RESPOSTAS
14x21 - 272 páginas

FDJ PERGUNTAS E RESPOSTAS
14x21 - 272 páginas